D1732487

Lena Neutze

Wir vom Jahrgang 1984

Kindheit und Jugend

Impressum

Bildnachweis:

Privatarchiv Lena Neutze: Umschlag, S. 4, 5, 8 u.–11, 12 u., 13, 15– 18, 19 u., 20– 22 l., 23 u., 25, 28, 29, 31, 33 u., 34 u., 39–41, 42 u., 44, 46 u., 47 u., 50, 52, 53, 55–58 o., 59 o., 60– 63; Privatarchiv Lücke: S. 6 o., 7, 22 r., 26, 30; Privatarchiv Olaf Dellit: S. 6 u.; Spielkarte „Trivial Pursuit", Hasbro Deutschland GmbH: S. 8 o.; ullstein bild – AP: S. 12 o., 14, ullstein bild – ddp: S. 23 o., 59 u., ullstein bild – Photo12/Nintendo: S. 24, ullstein bild – Peter Timm: S. 27, ullstein bild – United Archives: S. 37, ullstein bild – ImageBROKER/Ulrich Niehoff: S. 46 o., ullstein bild – Thielker: S. 47 o., ullstein bild – Melde Bildagentur: S. 48, ullstein bild – United Archives: S. 54, ullstein bild –Boness/IPON: S. 58 u.; Privatarchiv Pascal Schuhmacher: S. 33 o.; © Egmont Ehapa Verlag: S. 34 o.; Privatarchiv Marie-Catherine Riekhof: S. 35, 45; Privatarchiv Danielle Otto: S. 36; Privatarchiv Christiane Lauterbach: S. 49; Privat: S. 19 o., 38; Privatarchiv Lisa Dittmar: S. 51.

Wir danken allen Lizenzträgern für die freundliche Abdruckgenehmigung.
In Fällen, in denen es nicht gelang, Rechtsinhaber an Abbildungen zu ermitteln, bleiben Honoraransprüche gewahrt.

5., überarbeitete Neuauflage 2023
Alle Rechte vorbehalten, auch die des auszugsweisen Nachdrucks und der fotomechanischen Wiedergabe.
Gestaltung und Satz: r2 | Ravenstein, Verden
Druck: Druck- und Verlagshaus Thiele & Schwarz GmbH, Kassel
Buchbinderische Verarbeitung: Buchbinderei S. R. Büge, Celle
© Wartberg-Verlag GmbH
34281 Gudensberg-Gleichen • Im Wiesental 1
Telefon: 056 03/9 30 50 • www.wartberg-verlag.de
ISBN: 978-3-8313-3084-3

Vorwort

Liebe **1984er!**

„Jetzt sind schon so viele Jahre vergangen. Ich werde in ungefähr zwei Monaten 18 Jahre alt und mein Kindesdasein ist damit wohl beendet. Bin ich denn jetzt wirklich schon so erwachsen? Ich denke gern an die alten Zeiten und freue mich auf die neuen!"

Diese Sätze habe ich kurz vor meinem 18. Geburtstag in mein altes Tagebuch geschrieben, das ich zufällig wiederfand. Die Berichte von Geburtstagen, einer ersten Disco bei einer Freundin und von Urlauben versetzen mich wieder zurück in die vergangene Zeit. Ich muss lachen, schmunzeln, nicken. Man weiß noch, wie es war, und es ist schön, sich zu erinnern.

Mit diesem Jahrgangsbuch versuche ich auch Sie zum Schmunzeln zu bringen: Erinnern Sie sich mit mir an unsere gemeinsame Kinder- und Jugendzeit, an das, was uns bewegt hat.

An die ersten paar Jahre fehlt uns die Erinnerung, doch wie gerne lauschen wir den Geschichten unserer Eltern. Von der Kindergartenzeit gibt es erste grobe Bilder, die uns im Kopf herumschwirren: das gemeinsame Faschingsfest im Kindergarten, das erste Mal auf Skiern. Dann ändert sich viel, endlich in die Schule: Scout-Ranzen, Freund an der Hand, los geht's! Auch politisch gibt es einen Umbruch: Deutschland feiert seine Wiedervereinigung. Schließlich überschreiten wir die Grenze vom Kind zum Jugendlichen. Wir werden von vielen Trends beeinflusst: Piercing, Doc Martens, Hip-Hop-Musik. Die erste Kirmes, der erste Freund/die erste Freundin, die erste CD. Die Entwicklung des Computers ist enorm und wir versuchen Schritt zu halten: E-Mails, Instant Messages, Chatrooms. Schließlich steigen wir in den Berufsalltag ein oder büffeln für das Abitur. Das ist unser Fundament: 18 Jahre Kinder- und Jugend- zeit. Es lohnt sich, mal zurückzuschauen.

Viel Spaß beim Stöbern in Erinnerungen!

Lena Neutze

Lena Neutze

Fläschchen
und Fahrradsitz:
Wir wachsen
und gedeihen

Ein neuer 84er ist da: Auf Mamas
Schulter fühlt er sich geborgen.

Ruckzuck auf der Welt

Frühmorgens hatten die Wehen eingesetzt und schon bald darauf wurde im
Kreißsaal hart gearbeitet. Kurz danach kam das Baby – Jahrgang 1984 – auf
die Welt. Und am gleichen Tag, wenige Stunden später, war die glückliche
Familie wieder zu Hause.

Obwohl die meisten Mütter noch stationär entbanden, entschieden sich
Anfang der 1980er-Jahre immer mehr Eltern für ambulantes Entbinden und
sogar für Hausgeburten. „Ich bin doch nicht krank, weil ich ein Kind kriege",
sagten viele Frauen und pochten auf Natürlichkeit, ob bei Geburt, Nahrung
oder Kleidung. Eine sanfte Geburt sollte den Übergang vom Mutterleib in die
Welt erleichtern, das Neugeborene liebevoll und ohne unnötigen Stress zur
Welt kommen. Eine gemütliche Atmosphäre war wichtig, medizinische Eingriffe

Chronik

26. Juni 1984
Kicker-Idol Franz Beckenbauer wird Chef der deutschen Fußballnationalmannschaft – es geht auch ohne Trainerlizenz. Sechs Jahre später wird sein Team in Italien Fußballweltmeister.

1. August 1984
In der Bundesrepublik Deutschland tritt die Anschnallpflicht für Pkw-Fahrer in Kraft.

3. Dezember 1984
Umweltkatastrophe in Indien: In der Stadt Bhopal kommen bei einer Giftgas-Katastrophe in einem Chemiewerk 3000 Menschen ums Leben.

4. Januar 1985
Das erste künstlich gezeugte Baby wird in London geboren.

11. März 1985
Michail S. Gorbatschow wird neuer Generalsekretär der Kommunistischen Partei in der Sowjetunion.

13. Juli 1985
Das Live-Aid-Konzert zugunsten der Hungerhilfe für Afrika, initiiert von Bob Geldof, wird zeitgleich in 50 Staaten übertragen.

29. November 1985
Die synthetische Droge Crack und ihre fatalen Wirkungen werden in New York City zum ersten Mal von der Öffentlichkeit beachtet.

18. April 1986
Das Musical „Cats" von Andrew Lloyd Webber wird in Hamburg für Deutschland erstaufgeführt und begründet den Musical-Boom in deutschen Theatern.

26. April 1986
Ein Reaktor des Atomkraftwerks im ukrainischen Tschernobyl explodiert.

31. Dezember 1986
Die erste Aids-Statistik wird vorgelegt: Ende 1986 gibt es danach weltweit über 40 000 Erkrankte. Erst 1981 sind die ersten Fälle der erworbenen Immunschwäche bekannt geworden, die ab 1983 Aids heißt.

sollten auf das unbedingt Notwendige beschränkt werden. Der Partner gehörte zum Team und durfte auch das erste Bad des kleinen Säuglings übernehmen. Das Baby saugte schnell an der Mutterbrust, und schon bald machte sich die neue Familie wieder auf den Weg ins vertraute Heim.

Männer in der Mutterrolle

Es war zwar noch lange nicht die Regel, doch immer häufiger in den emanzipierten 1980er-Jahren entschied sich die Mutter, nach dem Mutterschaftsurlaub weiter ihrem Beruf

Nur die Ruhe: gemeinsamer Mittagsschlaf mit Papa.

1. bis 3. Lebensjahr

Fröhlich hinter Gittern.

nachzugehen. Ihr Mann blieb also zu Hause bei Kind und Haushalt. Gemeinsam gingen Vater und Baby täglich zum Einkaufen, sagten noch mal kurz Hallo
im Buchladen, und beim Metzger wurden sie auch schon erwartet. Die beiden
genossen einen gewissen Bekanntheitsgrad: Manche schmunzelten, manche
wunderten sich, die meisten freuten sich. Auch wenn es ungewöhnlich war und
die Großmutter so einigen Fragen standhalten musste, fand man große Akzep-
tanz. Die 1960er-Jahre waren ja schließlich vorbei.

Der Computer ist da

Der Commodore 64, kurz C64, ist der erste Heimcomputer in Deutschland. Mit 64 Kilobyte Arbeitsspeicher ermöglicht er zu einem erschwinglichen Preis einer ganzen Generation von Jugendlichen in den 1980er-Jahren erstmals den Zugang zu einem Computer. Äußerst populär ist der C64 als Spielkonsole, aber auch zur Softwareentwicklung. Das bekannteste Spiel ist Tetris, bei dem man von oben herunterfallende Formen so drehen und platzieren muss, dass sie am unteren Rand horizontale, möglichst lückenlose Reihen bilden. Allein für den Commodore 64 gibt es über 100 Varianten des Spiels.

Der C64.

Privatfernsehen startet

„Meine sehr verehrten Damen und Herren, in diesem Moment sind Sie Zeuge des Starts des ersten privaten Fernsehveranstalters in der Bundesrepublik Deutschland", heißt es am 1. Januar 1984 um 9:58 Uhr in Ludwigshafen. Die Programmgesellschaft für Kabel- und Satellitenrundfunk (PKS) ist gegründet. 1985 wird daraus der Fernsehsender Sat.1. Einen Tag später beginnt RTL Plus als zweiter Privatsender seinen Sendebetrieb aus Luxemburg. Den Anbietern geht es vor allem um Marktanteile und Einschaltquoten, inhaltliche Erwägungen treten im anfänglichen Sendeangebot in den Hintergrund. Trotzdem gründen die drei deutschsprachigen Fernsehsender ZDF, ORF (Österreich) und SRG (Schweiz), um der neuen Konkurrenz etwas entgegensetzen zu können, im Juli 1984 das Satelliten-Programm 3Sat. Ein neues Medienzeitalter beginnt.

Lecker, Spinat!

Biofläschchen und Mini-Fiat

Fläschchen und Brei: Darauf wurde nach dem Stillen umgestellt. Aber nicht auf irgendeine Babynahrung, sondern die besorgten Eltern wollten ihrem Kind nur das Beste geben. Vollkornbabynahrung stand auf dem Essensplan, und zwar biologisch-dynamisch erzeugt. Die Babynahrung kochte man mit Milch auf, füllte sie ins Fläschchen und vergrößerte sogar den Schlitz im Sauger, damit die dickflüssige Milch überhaupt hindurchkam. Das Essen machte uns gesund und proper. Auch unterwegs stand das Fläschchen immer parat.

Den Gemüsebrei wollten die fleißigen Eltern zuerst auch selbst zubereiten, was sie aber schnell aufgaben. Auf Fertigprodukte – Gläschen von Hipp oder Alete – wurde zurückgegriffen: Kartoffeln mit Karotte oder Spinat. Uns schmeckte es. Abends noch eine Portion Grießbrei mit püriertem Obst aus dem Gläschen und wir waren zufrieden.

1. bis 3. Lebensjahr

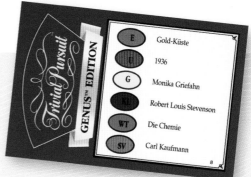

Wer weiß die Antwort?

Trivial Pursuit

Ein neues Gesellschaftsspiel ist auf dem Markt: Trivial Pursuit kommt 1984 in die Läden in Deutschland. Schon 1981 waren die ersten Exemplare des Spiels fertiggestellt, allerdings brachte der Verkauf keinen wirklichen Erfolg. Erst als sich die US-Spiele-Firma Selchow & Righter 1983 des Produktes annimmt und eine große Werbekampagne startet, werden im selben Jahr bereits 3,3 Millionen Spiele in den USA und Kanada verkauft. 1984 steigt die Nachfrage schließlich auf rekordverdächtige 20 Millionen allein in den USA und das Spiel erscheint auch in Europa. Trivial Pursuit ist ein Wissensspiel mit dem Ziel, durch korrektes Beantworten von Fragen aus verschiedenen Kategorien seinen Spielstein als Erster mit allen sechs „Tortenstücken" zu füllen.

Im Easy Rider vor dem Bauch: So werden die Kleinen überall mit hingenommen.

Unterwegs

Auf dem Rücken, vor dem Bauch, in sportlichen Buggys – nur in einem konventionellen Kinderwagen unterwegs zu sein, war völlig aus der Mode gekommen. Wir wurden in den verschiedensten Gerätschaften getragen und geschoben. In einem Tuch oder einem sogenannten Easy Rider lagen die Säuglinge ganz eng am Körper der Mutter oder des Vaters. So sollte sich das Gefühl von Schutz und Geborgenheit ausbreiten. Das war wichtig für die kleinkindliche Entwicklung, so glaubten viele, und praktisch war es außerdem. Schon bald kamen aber auch industriell gefertigte

In diesem französischen Buggy-Modell kann das kleine Baby liegen und sitzen.

Rucksäcke auf den Markt, in die ein Gestell eingearbeitet war. Die Kleinen saßen wie eine Eins, ganz sicher und bequem, hinten auf dem Rücken und hatten von dort oben alles wunderbar im Blick. Irgendwann wurden die Säuglinge größer und vor allem schwerer und ein Kinderwagen brachte große Entlastung. Abhilfe schafften entweder der Kinderwagen im klassischen Stil mit braunem Cord oder der moderne Buggy.

Auf eigenen Beinen: Wir entdecken unsere Umgebung.

In der Rückentrage: Der Ausblick ist fantastisch.

Tennis-Boom

Sensationeller Sieg: Der erst 17-jährige Boris Becker gewinnt am 7. Juli 1985 in England als erster Deutscher das traditionsreiche Tennisturnier von Wimbledon. Der Sieg wirkt wie eine Initialzündung für Beckers Karriere und für das deutsche Tennis, das innerhalb kürzester Zeit zum populärsten Zuschauersport nach dem Fußball avanciert.

Boris Becker, auch Bumm-Bumm-Becker wegen seines Serve-und-Volley-Spiels genannt, wird mehrmals zum Sportler des Jahres gewählt und erreicht eine außergewöhnliche Popularität. Becker-Rolle, Becker-Faust, Becker-Blocker: Das Tennis wird im Zeichen von Boris Becker neu definiert.

1. bis 3. Lebensjahr

Anne Kaffeekanne noch auf Schallplatte

„Da flog sie, oh pardon, auf dem Besenstiel davon, geradeaus, übers Haus, drei Mal rum und hoch hinaus." Gemeint ist Anne Kaffeekanne, die mit ihrem Besen durch die Welt fliegt, am Nordpol oder in den Bergen landet und ungewöhnliche Bekanntschaften macht. Von Fredrik Vahle, dem deutschen Liedermacher und Autor, stammt das Kinderlied und war in den 1980er-Jahren in aller Munde. 1984 wurde die Schallplatte „Anne Kaffeekanne" mit Liedern wie „Der Spatz" oder „Der Hase Augustin" veröffentlicht.

Wir wuchsen noch mit der Schallplatte auf: Märchen, Geschichten oder Kinderlieder begleiteten unsere ersten Lebensjahre. Vahle stand für die Entwicklung einer neuen Art des Kinderliedes. Freude an Musik, Sprache und Bewegung sollte in seinen Liedern vermittelt werden. Die Songs kamen sehr gut an: Beim Kleinen Trampeltier liefen alle Kinder in einer langen Schlange hintereinanderher und trampelten laut mit ihren Füßen. Die Texte konnten die Kleinen bald auswendig.

Der Spielkreis trifft sich einmal die Woche – und macht auch gemeinsam Urlaub.

Die ersten Freundschaften

Die frischgebackenen Eltern wollten ihrem Kind viel bieten und dazu gehörte auch der Kontakt zu Gleichaltrigen. In den Großstädten gab es schon die ersten Krabbelgruppen und Treffs für junge Eltern mit Kind, doch auf dem Land musste man selbst die Initiative ergreifen. Ein Raum für das Treffen musste gefunden werden. Interessenten meldeten sich viele, und schon nach ein paar Wochen war das erste Treffen auf die Beine gestellt. Einmal pro Woche kamen Kind und Kegel zusammen: Die Kleinen spielten, die Großen unterhielten sich und tauschten sich aus. So entstanden auch privat Freundschaften. Bald trafen sich die Familien reihum zu Hause. Gemeinsam kochte die Gruppe, ging schwimmen – meistens am Warmbadetag –, machte Ausflüge oder verbrachte Urlaube in Selbstversorgerhäusern.

Bücher begleiten unsere ersten Jahre: Alle lauschen gespannt der Geschichte.

Kleine Raupe, frecher Kater: die Welt in Büchern

Morgens, mittags, abends, zwischendurch: Zeit zum Lesen war für uns immer. Egal zu welcher Tageszeit, egal, wo wir gerade waren, das Lieblingsbuch packten wir gerne aus. Manche Bilderbücher erforschte man alleine, aber am liebsten hatten die Kleinen es, wenn sie auf dem Schoß der Eltern sitzen konnten und eine Geschichte vorgelesen bekamen. Von kleinen Hexen, frechen Füchsen oder mutigen Kindern wurde erzählt und man war schnell Teil der Geschichte. „Wie löst der kleine Rabe das Problem?", fieberten alle eifrig mit. Die Klassiker wie Max und Moritz, Struwwelpeter oder die Märchen der Gebrüder Grimm gehörten in jede Bücherkiste. Aber auch mit neu erschienener Lektüre wie „Petterson und Findus" von Sven Nordqvist oder „Das schönste Ei der Welt" von Helme Heine waren unsere ersten Regale bestückt. Die Geschichte der kleinen Raupe Nimmersatt, die immer weiterfrisst, bis sie sich verpuppt und zu einem wunderschönen Schmetterling wird, prägte uns und blieb unvergessen in unseren Köpfen. Wie so viele Erzählungen.

1. bis 3. Lebensjahr

Erster Grüner Minister:
Joschka Fischer.

Turnschuhminister

Zum ersten Mal Rot-Grün: Im Bundesland Hessen bilden die SPD und die Grünen am 16. Oktober 1985 zum ersten Mal eine Regierungskoalition. Unter Ministerpräsident Holger Börner wird der Grüne Joschka Fischer Staatsminister für Umwelt und Energie. Sein legendärer Auftritt in grobem Jackett und Turnschuhen bei seiner Vereidigung verschafft ihm den Spitznamen Turnschuhminister. Auch als Redner hatte er sich schon einen umstrittenen Namen gemacht. „Mit Verlaub, Herr Präsident, Sie sind ein Arschloch!", hatte er seine Worte 1984 an Bundestagsvizepräsident Richard Stücklen gerichtet, nachdem dieser den Abgeordneten Jürgen Reents ausgeschlossen hatte.

Puzzeln und bauen

Puzzeln war eine unserer allerliebsten Freizeitbeschäftigungen: Alle Puzzleteile heraus, einmal mischen und los ging es, Teil für Teil, bis das ganze Bild wieder zusammengesetzt war. Wir blieben mit einer Engelsgeduld bei der Sache und strahlten, wenn wieder eines geschafft war.

Unsere Lieblingspuzzles waren die von Ravensburger. Zuerst näherten wir uns der Aufgabe mit einem Holzpuzzle, das schon vorgestanzte Löcher hatte.

Puzzle, Lego, Bausteine: Ganz konzentriert wird gespielt.

Die Puzzleteile waren mit kleinen Plastikgriffen versehen, damit wir sie gut greifen konnten. Später wagten wir uns dann an Puzzles mit mehreren Teilen, die zusammen ein Motiv ergaben: eine Baustelle, einen Bauernhof oder auch einen Zirkus. Immer wieder kramten wir dieselben Puzzles hervor und legten sie aufs Neue zusammen. Nie wurde uns langweilig.

Unbesorgt spielten die beiden im April 1986 am See, während in Tschernobyl eine der schlimmsten Katastrophen passiert war.

Verstrahlter Sand und Spielplatzverbot

Es war ein Tag im April. Wir spielten im Freien, warfen Steine ins Wasser, bauten Dämme, sammelten Blätter, buddelten im Sand. Alles schien friedlich und gut. An diesem Tag geschah aber gar nicht so weit weg eine der schlimmsten Umweltkatastrophen aller Zeiten: In der Nähe von Tschernobyl explodierte ein Reaktor des Atomkraftwerkes und schleuderte große Mengen an radioaktivem Material in die Luft. Als die jungen Eltern von der Nachricht hörten, machte sich schockierte Stimmung breit. Sie waren ratlos: Was bedeutete denn dieses furchtbare Ereignis für Deutschland, für sie selbst und vor allem für ihre Kinder?

Überall in Deutschland saßen völlig verunsicherte und im Unklaren gelassene Familien zu Hause und überlegten, wie sie am besten vorzugehen hatten. Keine Pilze sollte man mehr essen, auch keine Waldbeeren oder Wildfleisch. Alles wies eine höhere radioaktive Strahlung auf als sonst. Die Eltern ließen ihre Kinder nicht raus, sie durften nicht mehr auf den Spielplatz. Väter fuhren los, um unverstrahlten Sand zu kaufen, Mütter kauften nur noch Milchpulver und keine Kuhmilch von eventuell verstrahlten Kühen. Die Katastrophe in Tschernobyl beeinflusste und beeinträchtigte die Menschen und überforderte die Politik: Sie bewegten sich auf neuem Terrain, so etwas hatte es noch nicht gegeben.

13

Der zerstörte Reaktor in Tschernobyl in einer Stahl- und Betonummantelung.

Super-GAU von Tschernobyl

Eine folgenreiche Katastrophe: Am 26. April 1986 explodiert in der Ukraine ein Reaktor des Atomkraftwerks nahe der Stadt Tschernobyl und verstrahlt die gesamte Region. Grundlegende Mängel in der Konstruktion des Reaktors sowie Planungs- und Bedienungsfehler verursachten den schweren Unfall. Die sowjetischen Behörden geben das Unglück erst zwei Tage später zu, nachdem Polen und Schweden stark erhöhte Radioaktivität messen. Im Juni versuchen Helfer durch den Bau einer Ummantelung die Verstrahlung zu reduzieren. Trotzdem sind mehr als eine halbe Million Menschen unmittelbar davon betroffen. Sie leiden unter den Spätfolgen der Verstrahlung: Erkrankungen, ökologische und wirtschaftliche Schäden in der Region. Auch in Deutschland wird erhöhte Radioaktivität festgestellt und eine Panik um verseuchte Lebensmittel bricht aus.

Vom Fahrradsitz aus die Welt entdecken

Ab in den Sitz, losgefahren und eingeschlafen: Das passierte regelmäßig auf den Fahrradtouren im Urlaub oder daheim. Da wir noch nicht selbst das Fahrrad besteigen konnten, musste der Fahrradsitz Abhilfe leisten, in dem man ohne Anstrengung durch die Landschaft kutschiert wurde. Der Sitz war entweder vorne oder hinten am Fahrrad angebracht. Auf dem Gepäckträger zu sitzen schien wohl die sicherste Methode zu sein, dennoch entschieden sich manche Eltern für den Sitz vorne am Lenker. So war man immer im Gespräch mit den Kleinen: „Guck mal, dort drüben: ein Wauwau!" Es wurde geplappert über alles, was man sah. Bis schließlich die Erschöpfung kam. Das leichte Ruckeln, die schnelle Bewegung: Da hielt sich keiner der Kleinen wach. Kissen auf den Lenker, Kopf darauf und einschlummern, bis man am Ende der kleinen Reise aufgeweckt wurde.

Eine gemeinsame Fahrradtour – und wir sind dabei.

Prominente 84er

25. Jan.	**Robson de Souza (Robinho),** brasilianischer Fußballspieler
26. März	**Felix Neureuther,** deutscher Skisportler
22. Mai	**Karoline Herfurth,** deutsche Schauspielerin
1. Aug.	**Bastian Schweinsteiger,** deutscher Fußballspieler
1. Aug.	**Maria Riesch,** deutsche Skisportlerin
5. Aug.	**Helene Fischer,** deutsche Schlagersängerin
15. Sept.	**Prinz Harry,** Herzog von Sussex (Großbritannien)
16. Sept.	**Katie Melua,** britische Sängerin
27. Sept.	**Avril Lavigne,** kanadische Rocksängerin
25. Okt.	**Katy Perry,** US-amerikanische Sängerin
21. Nov.	**Andreas Gabalier,** österreichischer Volksmusiker
22. Nov.	**Scarlett Johansson,** US-amerikanische Schauspielerin

1. bis 3. Lebensjahr

Fahrrad, Fasching, Freundschaft:
Wir entdecken die Welt

Die Kindergartengruppe: Wir werden viel zusammen erleben.

Erster Kindergartentag

„Mama, bleibst du noch ein bisschen hier?", fragten wir mit Tränen in den Augen. Es war unser erster Tag im Kindergarten und eigentlich hatten wir uns schon so darauf gefreut. Man hatte uns von tollen Spielsachen, vielen Kindern und einem großen Spielplatz erzählt. Aber dann, als unsere Mütter sich von uns verabschiedeten, wurde uns doch ganz mulmig.

Für alle von uns war der erste Kindergartentag ein schwieriger Tag. Doch schon bald gewöhnten wir uns an unser Gruppenzimmer, die Erzieherin und die anderen Mädchen und Jungen. Jeden Morgen brachten uns Papa oder Mama zum Kindergarten, die Kindertasche mit einem zweiten Frühstück bekamen wir umgehängt. Tagsüber genossen wir die Zeit drinnen mit Malen

Chronik

22. Januar 1987
Der politische Umbruch in der Sowjetunion und den Ostblockstaaten wird deutlich: In Leningrad – heute St. Petersburg – öffnet das erste privat betriebene Café, im Kreml hält Michail Gorbatschow ein Grundsatzreferat über die Umgestaltung der Gesellschaft.

7. Februar 1987
Katharina Witt holt ihre fünfte Goldmedaille bei den Eiskunstlauf-Europameisterschaften.

11. März 1987
Helmut Kohl wird erneut zum Bundeskanzler gewählt.

11. Juli 1987
Die Weltbevölkerung wächst auf fünf Milliarden Menschen.

11. Oktober 1987
Mysteriöser Todesfall: Der schleswig-holsteinische Ministerpräsident Uwe Barschel wird tot in einer Badewanne in einem Genfer Hotel gefunden. Die Umstände bleiben ungeklärt.

14. April 1988
Ein Vertrag regelt den Abzug der sowjetischen Truppen aus Afghanistan.

17. Juni 1988
Die Europäische Gemeinschaft beschließt Maßnahmen zur Reduzierung der Ozonschädigenden Fluorchlorkohlenwasserstoffe (FCKW), die vor allem in Kühlgeräten verwendet werden.

28. August 1988
Bei einer Flugschau im pfälzischen Ramstein stoßen zwei Düsenjets über den Zuschauern zusammen, 70 Tote sind zu beklagen.

21. Dezember 1988
Attentat auf ein Passagierflugzeug: Eine Boeing 747 explodiert in der Luft und stürzt über dem schottischen Lockerbie ab. 270 Menschen sterben.

24. März 1989
Der Öltanker Exxon Valdez havariert im Nordpazifik und verursacht eine gigantische Ölpest an der Küste von Alaska.

9. November 1989
Die DDR öffnet die Grenze zur Bundesrepublik Deutschland und die Mauer zwischen Ost- und Westberlin fällt.

Die Micky-Maus-Tasche begleitet uns, mit Essen und Getränk gefüllt, in den Kindergarten.

oder Spielen im Stuhlkreis. Draußen tobten wir über den Rasen, rutschten, schaukelten und spielten im Sandkasten. Nach ein paar Wochen wollten wir schon gar nicht mehr vom Kindergarten weg und weinten schließlich, wenn wir gehen mussten.

Faschingszeit

Kostüme, wilde Bemalungen, Lieder zum Mitsingen: Die Narren sind los und das waren sie auch bei uns. Karneval oder auch Fasching feierten wir jedes Jahr im Februar mit großem Vergnügen. Ob im Kindergarten oder später in der Schule, es fanden sich alle gern zum Feiern der Fastnacht ein. Als Prinzessin, Zwerg, Zauberer oder Sterntaler verkleidet kamen alle Kinder in den Kindergarten und versammelten sich im Stuhlkreis. Es wurden gemeinsam

4. bis 6. Lebensjahr

Die Polonaise beim Faschingsfest: die Kindergärtnerin immer vorneweg.

verschiedene Spiele gespielt, wie zum Beispiel „Ringlein, Ringlein, du musst wandern". Dabei falteten alle Kinder bis auf zwei ihre Hände: Der Erste bekam den Ring und musste während des Singens von Kind zu Kind gehen und den Ring irgendwann unbemerkt in die Hand eines Kindes fallen lassen. Der Zweite beobachtete ihn und musste erraten, bei wem er den Ring losgelassen hatte. Wenn der Tipp richtig war, dann durfte er das nächste Mal das Ringlein verstecken.

Zum Höhepunkt des Festes zogen alle Kindergartengruppen mit lauter Musik in einer langen Polonaise durch alle Zimmer, vorneweg die Leiterin. „Hier fliegen gleich die Löcher aus dem Käse, denn nun geht sie los, unsre Polonaise, von Blankenese bis hinter Wuppertal", sangen wir gemeinsam das Lied von Gottlieb Wendehals. Ein riesiges Spektakel zur Freude von uns Kleinen.

Unsere ersten Kunstwerke

Sich auf einem Blatt Papier mit bunten Farben austoben: Das war eine unserer Lieblingsbeschäftigungen. Zuerst wirbelten wir mit Wachsmalstiften große und kleine Kreise und Zickzack auf das Blatt. Manchmal war das Blatt nicht groß genug und die bunten Zeichnungen landeten zum Leidwesen der Eltern auch auf dem Tisch oder an der Tapete. Je älter wir wurden, desto graziler schufen wir unsere Meisterwerke. Alles, was uns beschäftigte und gefiel, malten wir mithilfe von Bunt- und Filzstiften: ein Haus, unsere Familie,

Das Bild vom Zirkusbesuch schafft es in die Lokalzeitung.

Pippi Langstrumpf mit ihren langen Zöpfen oder die Tiere, die wir erst gestern im Zoo gesehen hatten. Auch wenn es nicht immer genau als das zu erkennen war, unsere Eltern lobten uns und dokumentierten unsere Fortschritte. Mit Namen und Datum versehen wurden die Kunstwerke verstaut.

Abrüstung gesichert

Eines der wenigen Beispiele für tatsächliche Abrüstung: Am 8. Dezember 1987 einigen sich der amerikanische Präsident Ronald Reagan und der sowjetische Parteichef Michail Gorbatschow über die Verschrottung atomarer Mittelstreckenraketen. Sie unterzeichnen den INF-Vertrag und verpflichten sich damit, innerhalb von drei Jahren die atomaren Mittelstreckenwaffen zu vernichten und keine neuen herzustellen. Mehrere Hunderttausend Menschen hatten in den letzten Jahren für Abrüstung und gegen das Wettrüsten demonstriert.

Urlaub mit dem Wohnmobil:
Alles spielt sich draußen ab.

Urlaubsfreundschaften auf dem Campingplatz:
Guckt mal alle aus dem Fenster heraus!

Urlaub …

Immer der Sonne entgegen, so weit fahren, bis das schöne Wetter da ist, das war jedes Jahr unser Motto im Sommerurlaub. Es war nur grob festgelegt, wohin man wollte: eher in den Süden nach Italien oder Frankreich oder diesmal in

4. bis 6. Lebensjahr

Der erste Skikurs: die Anzüge zeitgemäß in grellen Farben.

den Norden, nach Norwegen oder Schweden? Alle genossen eine Menge Freiheit, wenn man mit dem Wohnmobil oder Zelt verreiste. Gefiel es einem nicht an Ort und Stelle, wurden eben die Sachen wieder eingepackt und weitergefahren. Für uns Kinder hieß es vor allem viel Abwechslung: In einem Urlaub spielten wir im Schnee und badeten im See. Wir genossen es, uns mit vielen Kindern draußen im Wasser oder Sand zu suhlen. Oft waren auch unsere Freunde mit ihrer Familie im eigenen Wohnmobil mit dabei. Sonst fand man sowieso ruckzuck neue Spielkumpane. Sehr zur Erholung unserer Eltern!

Manche von uns fuhren auch einmal im Jahr, im Winter oder um Ostern, in die Skiferien. Untergebracht in einer schönen Ferienwohnung, einer Pension oder einem Chalet, vergnügten wir uns den ganzen Tag auf der Piste. Mit unseren jungen vier oder fünf Jahren standen die meisten von uns das erste Mal auf Skiern und besuchten einen Skikurs. Sehr schnell erlernten wir, wie der Hase lief, und düsten schon bald die Berge hinunter, sodass unsere Eltern nur staunen konnten.

Winterspaß im Garten: Der Schneemann ist fertig fürs Foto.

Einfach mitzunehmen

Wir liebten es, Spiele zu spielen. Egal, wohin es ging, unsere Eltern hatten meist ein Spiel in der Tasche, mit dem wir uns die Zeit vertreiben konnten. Einfach mitzunehmen waren Memory, Kartenspiele und ein Becher mit Würfeln. Beim gemeinsamen Essen in der Gaststätte, beim Besuch von Freunden: Schnell waren die Karten gezückt. Mau-Mau war eines der Lieblingsspiele, aber auch Uno zählte zu den Favoriten. Zu eigener Bestform liefen wir beim Memory auf. Nach so viel Training schafften es die Kleinen sogar, die Eltern zu schlagen. Da konnte man das junge Alter zum Vorteil nutzen. Manchmal gerieten wir aber auch in Rage und ärgerten uns so sehr über ein verlorenes Spiel, dass die Würfel über den ganzen Tisch flogen. Wir waren voll im Spiel, ganz oder gar nicht.

Der Klassiker: Arzt und Patient – eine Spritze wird verabreicht.

Olympiamedaille aberkannt

Olympische Spiele 1988 in Seoul: einer der größten Skandale der Olympiageschichte. Zwei Tage nach dem Olympiasieg und Weltrekord im 100-Meter-Lauf wird Ben Johnson des Dopings überführt. Johnson hatte wegen seiner ungewöhnlich großen Muskelmasse für damalige Sprinter bei Kritikern schon im Verdacht gestanden. Nun werden deutliche Spuren von einem synthetischen anabolen Steroid in seinem Urin nachgewiesen. Daraufhin erkennt das Olympische Komitee die gewonnene Goldmedaille ab und Carl Lewis, der zunächst Zweitplatzierte, wird Olympiasieger. Das Ereignis ist weltweit eine große Überraschung, weil Doping bislang nur im Kraftsport ein Thema gewesen ist.

Wir sind mobil: Der eine fährt Dreirad, der andere schon Fahrrad mit Stützrädern.

Zuerst mit Stützrad

Nach Bobby Car und Dreirad war es Zeit für das Fahrrad: Langsam und Schritt für Schritt tasteten wir uns an das Abenteuer Fahrradfahren heran. Das Zweirad verlangte viel von uns: treten, lenken, nach vorne schauen und natürlich das Gleichgewicht halten. Also begannen wir mit zwei Stützrädern, eines links und eines rechts. So konnten wir es besser ausbalancieren. Es machte uns einen Heidenspaß und wir pesten um die Kurven. Doch bald konnte der beste Freund ohne Stützräder fahren. Nun packte uns der Ehrgeiz und wir wollten es auch probieren. Die Angst war aber zu groß, um gleich beide Räder abzumachen. Also wurde zuerst auf eines der Räder verzichtet, damit wir noch etwas Sicherheit genießen konnten. Im zweiten Schritt montierte Papa schließlich auch das letzte stabilisierende Rad ab. Noch ein, zwei Mal hinterhergelaufen und am Sattel festgehalten, dann war es geschafft. Jetzt bekam uns keiner mehr vom Fahrrad herunter.

Unsere Helden: Bibi und Benjamin

Das abendliche Ritual war wichtig: Schlafanzug, Zähneputzen, Bett und dann die Hörspielkassette anmachen. Beim Hören der Stimmen auf Band und dem leisen Rauschen vom Kassettenrekorder ließ es sich wunderbar einschlafen.

Einmal daran gewöhnt, fiel es einem schwer, auf die Geschichten mit Bibi oder Benjamin zu verzichten. „Eene Meene Mei, flieg los Kartoffelbrei!", und schon schwang sich die kleine Hexe mit ihrem Besenstiel Kartoffelbrei in die Lüfte. Immer zu Streichen aufgelegt, war Bibi für uns aber vor allem das nette Mädchen, das gegen den Bürgermeister von Neustadt für Gerechtigkeit kämpfte und ihn das ein oder andere Mal verhexte. In derselben Stadt wohnte auch Benjamin Blümchen, der sprechende Elefant – ein weiterer Held für uns. Mit seinem Freund Otto rettete er den Zoo mit Direktor Tierlieb

Benjamin Blümchen war unser Held.

unendliche Male oder half der Stadt Neustadt als Briefträger, Feuerwehrmann und Kinderarzt. Karla Kolumna tauchte bei beiden Hörspielkassetten auf und berichtete als rasende Reporterin über die grandiosen Ereignisse.

Wir hörten die Geschichten immer wieder in einer Endlosschleife und konnten fast mitsprechen. Zu Nikolaus, Ostern oder zum Geburtstag gab es neue Folgen oder wir schlugen auf dem Flohmarkt zu. Ohne Kassetten ging es nicht mehr: Das abendliche Ritual begleitete manche noch sehr lange Zeit.

Das ist toll: gemeinsam einschlafen mit dem kleinen Bruder.

Geschwisterkinder

Viele von uns bekamen noch einen kleinen Bruder oder eine kleine Schwester. Wir freuten uns sehr auf das Kleine und erwarteten es voller Spannung. Als das Baby schließlich da war, genoss es natürlich eine Menge Aufmerksamkeit, woran wir uns erst einmal gewöhnen mussten. Meistens überwog aber die

Lust, am Leben des Geschwisterchens teilzuhaben. Wir wollten es halten, füttern, durch das Haus im Bollerwagen fahren, durch die halbe Wohnung tragen oder mit ihm baden. Alles, was Mama machte, wollten wir auch machen. Und schon bald wurde der oder die Kleine ohnehin ein Spielkamerad für uns. Trotz Krach und Streit wurde uns mit Geschwistern nie langweilig.

Beliebtes Spiel: Super Mario.

Geburt des Gameboys

Der Gameboy ist da! 1989 wird erstmals die Handheld-Konsole der japanischen Firma Nintendo der Öffentlichkeit vorgestellt. Mit einem geschickten Marketing, geringen Herstellungskosten und einem breit gefächerten Angebot an Spielen wird der Gameboy schnell bekannt und schon bald hält fast jeder die kleine Konsole in den Händen. Als eines der ersten Spiele verkauft sich Tetris in

Windeseile. Aber auch Super Mario oder Donkey Kong finden bei den Fans Anhänger.

Schick für Weihnachten

Fleißig den Teig ausrollen, etwas davon naschen, Tannenbäume, Engel und Glockenfiguren ausstechen und den Duft, der sich durch die ganze Küche ausbreitet, genießen. An was erinnert uns das? An die Weihnachtszeit: die schönste Zeit im Jahr neben dem eigenen Geburtstag. Mit viel Spannung und Vorfreude erwarteten alle Kinder den Tag, an dem sie den großen Berg an Geschenken meistern durften. So auch wir!

Wenn der Wunschzettel an den Weihnachtsmann geschrieben und abgeschickt war, konnte der Heilige Abend nicht früh genug kommen. Fein herausgeputzt warteten die Kleinen nur noch gespannt auf das Zeichen: das Bimmeln

Einen Ken? Ich wollte doch eine Barbie!

der Glocken. Schon stürmten alle zum funkelnden Weihnachtsbaum und den vielen Geschenken darunter. Es verbargen sich das Barbie-Wohnmobil oder die Lego-Eisenbahn unter dem bunten Geschenkpapier, vielleicht auch ein Bobby Car oder eine neue Puppe, die wir gleich tauften. So beschäftigt mit Spielen und Staunen, dachten wir gar nicht an das Familienessen, geschweige denn ans Ins-Bett-Gehen. Denn das bedeutete: Schon wieder ein Jahr warten bis zum nächsten Weihnachtsfest!

Die Mähne am Schaukelpferd ist ruckzuck ab.

Die Haare müssen ab

Die Haare müssen ab, da waren wir uns alle einig. Ob nun an der Puppe, am Schaukelpferd oder schließlich an uns selbst, Haare hatten irgendwas an sich, das uns zum Abschneiden animierte. Heimlich schnappte man sich die große Schere von der Mutter und schnipp, schnapp waren die langen roten Haare der Lieblingspuppe ab. Hinterher gab es dann ein paar Tränen, weil wir begreifen mussten, dass die Frisur nun so bleiben musste – eine Puppe mit nachwachsenden Haaren gab es nun mal nicht. Auch die Mähne des Schaukelpferds musste dran glauben. Und so steht es heute noch auf dem Dachboden. Warum auch immer, aber die Haare mussten einfach ab.

Chronologie des Jahres 1989: das Ende des Ostblocks

11. Januar: *Ungarn erlaubt die Bildung politischer Parteien.*

26. März: *Erste freie Wahlen in der UdSSR, reformorientierte Politiker setzen sich durch.*

2. Mai: *Ungarn beginnt mit dem Abbau des Stacheldrahtes an der Grenze zu Österreich.*

24. August: *108 DDR-Bürger, die in der deutschen Botschaft in Budapest sind, dürfen in den Westen ausreisen.*

11. September: *Ungarn öffnet seine Grenzen zu Österreich, binnen 24 Stunden fliehen 10 000 DDR-Bürger in den Westen.*

30. September: *6299 DDR-Bürger, die sich in den Botschaften in Warschau und Prag aufhielten, dürfen in die Bundesrepublik ausreisen.*

9. Oktober: *In Leipzig demonstrieren 70 000 Menschen für mehr Freiheit unter dem Motto „Wir sind das Volk".*

9. November: *Die DDR öffnet ihre Grenzen zur Bundesrepublik.*

17. Dezember: *An der Grenze zwischen Österreich und der Tschechoslowakei wird der „eiserne Vorhang" symbolisch durchtrennt.*

29. Dezember: *Der Dramatiker und Bürgerrechtler Václav Havel wird Staatspräsident der Tschechoslowakei.*

Besuch an der ehemaligen innerdeutschen Grenze kurz nach deren Öffnung.

Ein Stück der Mauer

Ein wichtiges Ereignis in unserer Geschichte war geschehen, und doch hatten wir nicht viel davon mitbekommen. Wir waren noch Kindergartenkinder und konnten den Umfang und die Bedeutung des Mauerfalls nicht erfassen, auch wenn unsere Eltern uns erklärten, was passiert war, und wir erkannten, dass es ihnen sehr wichtig war. In unserem Leben hatte die Grenzöffnung keinen großen Einfluss: Vielleicht trafen wir plötzlich Kinder aus der ehemaligen DDR, aber wir spielten mit ihnen genauso wie mit anderen Kindern. Da hatte es keine Bedeutung, woher sie kamen.

Die Mauer fällt

Die Nacht der Nächte: Die Berliner Mauer fällt in der Nacht vom 9. November auf den 10. November 1989 nach mehr als 28 Jahren Bestand. An dieses Ereignis hatte keiner mehr wirklich geglaubt. Umso größer ist die Überraschung und Freude. In den nächsten Wochen strömen die Menschen in den Westen, eine Flut von Trabbis überschwemmt die Straßen im Westen. Als Willkommensgruß wird ihnen fröhlich zugehupt. Die DDR-Bürger hatten es geschafft: mit Demonstrationen, Forderungen nach Reisefreiheit und dem Verlassen des Landes über das Ausland. Ein vereintes Deutschland schwebt nun den Menschen und Politikern vor.

Höhlen, Vampire, Könige: **Das Leben ist ein Abenteuer**

Obligatorisch: das Gruppenfoto zur Einschulung.

Einschulung

Endlich geht es los! Wir konnten es kaum noch abwarten: Mit unseren sechs Jahren waren wir reif für die Schule, den Kindergarten ließen wir gerne hinter uns. Die Schulranzen standen zu Hause bereit, meistens einer der Marke Scout, mit Delphinen oder Autos bedruckt. Das zum Muster passende Federmäppchen war gefüllt mit einem Füller und vielen Bunt- und Filzstiften. Eine Brotdose, ein paar Hefte und vielleicht das Lieblingskuscheltier als erster Begleiter standen auch parat.

Chronik

11. Februar 1990
Nach 27 Jahren Haft wird der Führer der
schwarzen Südafrikaner, Nelson Mandela,
aus dem Gefängnis entlassen.

8. Juli 1990
Deutschland wird in Italien zum dritten Mal
Fußballweltmeister.

3. Oktober 1990
Die DDR tritt der Bundesrepublik bei, die
deutsche Teilung ist beendet.

17. Januar 1991
Eine multinationale Streitmacht eröffnet den
Krieg gegen den Irak, der am 28. Februar
erfolgreich endet.

20. Juni 1991
Berlin wird Hauptstadt des vereinigten
Deutschland und Regierungssitz.

27. Juni 1991
Die Spaltung Jugoslawiens beginnt und
damit auch der Bürgerkrieg auf dem
Balkan.

19. September 1991
„Ötzi", die mumifizierte Leiche eines
Mannes aus der Steinzeit, wird im
österreichisch-italienischen Ötztal gefunden.

30. August 1992
Michael Schumacher gewinnt seinen ersten
Grand Prix in der Formel 1.

3. November 1992
Bill Clinton gewinnt die Wahl zum US-Präsi-
denten.

29. Mai 1993
Bei einem fremdenfeindlichen Brandanschlag
auf ein von Türken bewohntes Haus in
Solingen sterben fünf Menschen.

8. August 1993
Franziska van Almsick wird mit sechs
Siegen erfolgreichste Schwimmerin bei den
Europameisterschaften.

6. Oktober 1993
373 Personen werden in Deutschland durch
aidsverseuchte Blutkonserven infiziert.

Im farbenprächtigen
Kostüm, mit von Mama
selbst gebastelter
Schultüte und Schul-
ranzen fertig für den
ersten Schultag.

Am Einschulungstag also rannten
wir unseren Eltern, die uns zur Schule
bringen wollten, fast davon und marschierten stolz vor ihnen her: „Das
können wir doch schon selbst!" Schließlich waren wir doch jetzt große Schul-
kinder, oder? Die prall gefüllte Schultüte
in den Armen und den Ranzen auf dem
Rücken, schossen die Eltern nun das
obligatorische Einschulungsfoto: Zuerst
jeder allein und dann die neue Klasse
mit dem Lehrer zusammen. Kurz
danach ging es in den eigenen Klas-
senraum. Wir suchten uns noch etwas
schüchtern einen Platz, alle wurden
genau beäugt. Das waren also die
Kinder, mit denen man bald Freundschaften schließen und viele Stunden
verbringen würde. Als richtiger Schüler!

7. bis 10. Lebensjahr

Farbenfroh am ersten Schultag.

Viel Spaß: der Schulalltag

Auch wenn Schule von Lernen, Fleiß und Ordnung geprägt war: Wir vergnügten uns meistens und gingen gerne in die Schule. Der Unterricht gestaltete sich sehr abwechslungsreich, schon lange war der Frontalunterricht nicht mehr das alleinige Lehrkonzept. In vielen Stunden konnte man aktiv sein, sich in Gruppen beschäftigen, und so bedeutete Lernen auch viel Spaß. Der Wochenplan animierte zum selbstständigen Arbeiten, und wenn man schneller fertig war, hatte man noch etwas Zeit zum Spielen.

Die Jungen bevorzugten das Werken mit Holz und anderen Materialien und den Sportunterricht. Bei „Wer hat Angst vorm schwarzen Mann?" rannten alle wie wild durch die Turnhalle. Auch in Handarbeit zeigten wir unsere Künste: Wir strickten Teddys, bestickten Taschen, häkelten Topflappen oder gestalteten sogar Tücher im Seidenmalerei-Kurs.

In den Pausen gab es Zeit zum Spielen und Herumtoben. Gummitwist war sehr beliebt. Die meisten Jungs kickten natürlich gerne mit einem mitgebrachten Ball. Die Bänke verwandelten sich in Tore und schnell bildeten sich zwei Teams. Die meisten Mädchen nervte die Schießerei eher, vor allem, wenn sie einen Schuss abbekamen. Sie versuchten lieber, weit weg im Hickelkasten zu hüpfen.

Wer kommt zu wem?

Der Schulweg war die schönste Zeit des Tages. Auch wenn der Ranzen, den wir nach Hause schleppen mussten, immer schwerer wurde und die kleine Gewichtsanzeige am Henkel schon in den roten Bereich ausschlug – das machte uns gar nichts! Langsam schlenderten wir mit dem besten Freund oder der besten Freundin nach Hause und quatschten noch einmal über den ereignisreichen Schultag. Die Mädchen lachten und kicherten über Peinlichkeiten, während die Jungs sich auf dem Heimweg noch mal richtig austobten.

Gesprächsthema Nummer eins war natürlich, was man am Nachmittag machen wollte. Wer kommt zu wem? Was wollen wir spielen? Das musste geklärt werden! An heißen Tagen setzte man sich auch einfach mal an den Straßenrand auf die Ranzen und aß den Rest des Schulbrotes auf. Vor allem an der Ecke, wo sich die Wege der beiden Freunde trennten, da blieb man doch lieber noch ein wenig sitzen, wenn zu Hause sowieso nur Hausaufgaben warteten. Dort jedoch warteten vor allem das Essen und die nörgelnde Mutter. Man kam zu spät und hatte dann auch noch keinen Hunger! Allen Konsequenzen zum Trotz: Der Schulweg wurde genossen.

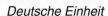

Deutsche Einheit

Tag der Deutschen Einheit: Am 3. Oktober 1990 tritt nach 41 Jahren Trennung die Deutsche Demokratische Republik der Bundesrepublik Deutschland bei und die staatliche Einheit Deutschlands ist wiederhergestellt. Voraussetzung waren der Einigungsvertrag, in dem die Modalitäten des Beitritts der DDR geregelt wurden, und der Zwei-plus-vier-Vertrag, der die außenpolitischen Fragen zwischen den beiden deutschen Staaten und den vier Siegermächten klärte. Trotz vieler Vorbehalte und Ängste freuen sich die Menschen beider Staaten über die Deutsche Einheit und Hunderttausende feiern in Berlin das wichtige Ereignis. Der 3. Oktober ist seitdem nationaler Feiertag.

Über 700 km weit geflogen: Aus Swine in England kommt die Antwortkarte des Luftballonwettbewerbs zurück.

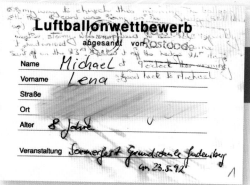

Luftballonwettbewerb

Mit bunten Luftballons in der Hand sammelten sich die Kinder zum Höhepunkt des Sommerfests der Grundschule. Alle Ballons waren mit Kärtchen inklusive Namen und Adressen der Schüler behängt und somit fertig für die große Reise. Auf Kommando ließen die Kinder

7. bis 10. Lebensjahr

los und schickten die Ballons in die Lüfte. Lange schauten sie ihnen nach und rätselten darüber, welcher wohl am weitesten fliegen würde.

Der Luftballonwettbewerb war in Mode gekommen und bei Grundschul-, Stadt- oder Feuerwehrfesten freuten sich Kinder und Erwachsene über das Meer an bunten Ballons, die Antworten auf die Karten und die Preise für den am weitesten geflogenen Luftballon. Die ersten blieben häufig schon am nächsten Baum hängen, was zu wütendem Protestgeschrei der Kleinsten führte. Manche Ballons aber gingen auf eine weite Reise. Einmal kam sogar eine Nachricht aus Swine in England, 250 km nördlich von London, zurück. Innerhalb von höchstens 20 Stunden hatte der Luftballon mithilfe des Südostwindes Deutschland, die Niederlande und die Nordsee überquert und dabei über 700 km zurückgelegt. Eine beachtliche Leistung und natürlich der Sieg für das kleine Mädchen, das ihn losgesandt hatte. Die Tasse mit der aufgedruckten Siegerweite steht bis heute im Schrank.

ICE

Mit einer Sternfahrt von Bonn, Hamburg, Mainz, Stuttgart und München zum neuen ICE-Bahnhof Kassel-Wilhelmshöhe wird am 29. Mai 1991 der erste Intercity-Express eingeweiht. Bundespräsident Richard von Weizsäcker eröffnet den Hochgeschwindigkeitsverkehr in Deutschland und übergibt symbolisch den Schlüssel des planmäßigen Premieren-ICEs an den Fahrzeugführer. Der ICE erreicht neue Standards: Mehr Komfort, schnellere Reisezeiten durch hohe Geschwindigkeit und getrennte Raucher- und Nichtraucherwagen gehören zu den Neuerungen. Der Hochgeschwindigkeitszug ist das Flaggschiff der Deutschen Bahn AG: 18 Millionen Mark kostet 1991 die Werbekampagne rund um den ICE.

Aktiv im Vereinsleben

Sportverein, Ballettschule, Musikschule: So gestalteten wir viele unserer Nachmittage. Die meisten Jungen trugen sich schon bald in einen Fußballverein ein. Von klein auf kickten sie den Ball mit ihren Vätern hin und her, und nun

Trikot, Stutzen, Stollenschuhe: Alle sind bereit für das Fußballturnier.

wollten sie auch wie die Großen auf einem richtigen Feld spielen. Jedes Wochenende zog die ganze Familie los, um auf eines der großen Turniere zu gehen. Alle waren eingespannt: Der Kleine spielte auf dem Feld, die Eltern waren eingeteilt, Würstchen oder Kuchen zu verkaufen. Es wurde ein langer Tag, aber ein sehr schöner. Die Jungs fühlten sich wie ein Fußballstar, vor allem natürlich, wenn sie am Ende den Pokal in den Händen trugen.

Viele Mädchen hingegen vergnügten sich in der Ballettschule. „Position eins, Arme nach vorne und auf die Spitzen, meine Damen!", gab die Ballettlehrerin vor. Alle Schülerinnen standen brav und in guter Haltung an den Stangen vor den großen Spiegeln. Sie hatten ihre blauen Anzüge und weißen Ballettschühchen an. Es hieß: üben für die Prüfung in zwei Wochen. Zweimal die Woche kamen alle zusammen in die Ballettschule und trainierten. Nach dem anstrengenden Training und der vielen Disziplin liefen alle in den Umkleideraum und das Gegacker und Gekicher ging los. Ein richtiger Mädchensport eben!

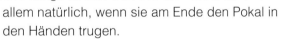

In Position: zweimal die Woche ist Balletttraining.

Die Pferdezeitschrift Wendy, erschienen im Egmont Ehapa Verlag, berichtet die Neuigkeiten vom Lieblingstier.

Das Glück der Erde

Das Glück dieser Erde liegt auf dem Rücken der Pferde. So pathetisch das auch klingen mag, es galt für die meisten Mädchen tatsächlich. Wir waren verrückt nach Pferden! Pferdezeitschriften, Pferdebücher, Pferdehörspielkassetten, Pferdefreizeiten: Alles drehte sich ums Pferd. Ein tolles Gefühl stellte sich ein, wenn man auf dem Rücken eines kleinen Ponys saß und einen kleinen Ausritt wagte. Wir kümmerten uns mit viel Liebe um unsere Schützlinge. Wir striegelten und putzten, kämmten die Mähne und säuberten die Hufe. Ein paar Leckerlis steckten auch immer in der Tasche. Wir konnten unserem Mutterinstinkt voll und ganz freien Lauf lassen.

Raus: Höhlen und Hütten bauen

Raus vor die Tür, alle zusammentrommeln und ab in den Wald, aufs Feld oder die Straße: So verbrachten wir den Nachmittag mit unseren Freunden. Im Dorf hieß das, einfach vor die Tür zu gehen, in der Stadt traf man sich auf dem Lieblingsspielplatz. Bei schönem Wetter war es wichtig, draußen inmitten von Stöcken, Blättern, Sand und Erde zu sein!

Auch drinnen kann man tolle Höhlen bauen.

Hauptsache draußen: Blätter, Tannen und Stöcke reichen zum Spielen.

Alle Kinder in der Nachbarschaft trafen sich zum Beispiel in der Mitte der Straße und spielten A-zerstört, wobei einer das aus Stöcken gelegte A bewachte und die anderen es versuchten zu zerstören.

Im Wald wurden Höhlen und Hütten gezimmert, sogar mit kleinem Garten und Toilette. Wir kletterten auf jeden Baum und kreierten zwei Lager: das eine gegen das andere, alle gefundenen Stöcke dienten als Waffen.

Das Highlight war jedoch eine Nachtwanderung. Zusammen durfte man im Dunkeln durch den Garten und das umliegende Gelände wandern. Gegenseitig erschreckte man sich, und manch einer lief gegen einen Baum, so duster war die Nacht.

Micky Maus in Europa

Der Disney-Freizeitpark kommt nach Europa: Am 12. April 1992 öffnet das Euro-Disneyland seine Tore. Für insgesamt 3,9 Milliarden US-Dollar wird das Resort bei Paris nach vier Jahren schließlich fertiggestellt. Nach dem Vorbild des amerikanischen Disneylands unterteilt sich der Freizeitkomplex in fünf Themenbereiche, die sich um das bekannte Dornröschenschloss gruppieren.

Die Highlights der Anlage sind die Achterbahn Big Thunder Mountain im Frontierland und die Indoor-Achterbahn Space Mountain im Discoveryland, in der man in einer Art Kanone zum Mond geschossen wird. Auch für Jüngere bietet der Park viel: einen Abenteuerspielplatz im Piratenstil etwa und natürlich das Treffen mit Micky Maus, Pluto und Co.

Feine Dame und Kleiner Vampir

Der Fantasie freien Lauf lassen: ein edler König auf dem Thron oder ein draufgängerischer Cowboy im Wilden Westen – bei den Verkleidungen gab es keine Grenzen. Es wurde gespielt, was einem in den Sinn kam und von welchen Helden man gerade las. Mit den Abendkleidern der Mutter stolzierten die Mädchen als feine Damen über den Flur. Die Jungs, ausgestattet mit einem königlichen Gewand, versuchten hingegen ihre Gefolgschaft in den Griff zu bekommen und in die weite Welt zu reiten.

Besonders gerne schlüpften wir in die Helden aus unseren Büchern. So verwandelte sich das Wohnzimmer in die Gruft des kleinen Vampirs Rüdiger von Schlotterstein, in der sich die Freunde Rüdiger und Anton, das Menschenkind, überlegten, wie sie am Vampirjäger Geiermeier vorbeikommen sollten.

Das altbekannte Spiel Vater, Mutter und Kind fand bei uns auch Gefallen. Nach kurzem Hin und Her klärte man, wer das Kind sein sollte, wer die Mutter spielte. Und wenn kein Junge für den Vater zur Verfügung stand, war der eben verreist, bei der Arbeit oder tot. Vollends begeistert waren die Kinder von dem kleinen elektrischen Kinderherd, mit dem man selbst leckere Pfannkuchen oder sogar Suppe mit Buchstabennudeln zaubern konnte. Hm, lecker, auch wenn sich die Prozedur wegen der Kindersicherung am Herd über Stunden hinzog. Dem schönen Fantasiespiel wollte man sowieso nicht entrissen werden.

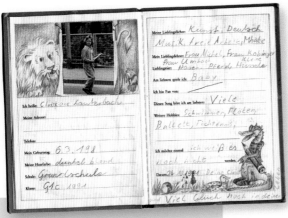

Für die Freundschaft: ein Eintrag in das Freundschaftsbuch.

Poesiealbum und Freundschaftsbuch

„Rosen, Tulpen, Nelken, alle Blumen welken, nur dein Glück allein soll stets blühend sein." So steht es in den Seiten der Poesiealben. Dieser über 300 Jahre alte Brauch erreichte auch uns.

Den besten Freunden, den Mitschülern und sogar den Lehrern wurde das Buch anvertraut mit der

Bitte, es auszufüllen. Auf die rechte Seite schrieb man in der schönsten Schrift einen kurzen Vers über die Freundschaft und die linke Seite wurde bemalt und mit Stickern beklebt. Wir gaben uns viel Mühe: Jeden i-Punkt gestalteten wir in Herzform und fertigten kleine liebevolle Zeichnungen vom Lieblingstier.

In ähnlicher Weise beschriftete man auch die Freundschaftsbücher, in denen man Lieblingsspeisen, Hobbys und Berufswunsch nannte und das Ganze mit einem Foto von sich abrundete. Es bedeutete immer einen großen Freundschaftsbeweis, in den Büchern eine Nachricht zu hinterlassen.

Mini-Playback-Show

Einmal wie die Stars sein: in ein modernes Outfit schlüpfen, auf der Bühne vor ein klatschendes Publikum treten und eine tolle Performance mit Gesang und Tanz hinlegen. In diese Rolle konnten die Kinder in der Mini-Playback-Show schlüpfen. Diese Sendung, moderiert von Marijke Amado, verfolgten

Die Mini-Playback-Show verfolgen wir am Fernseher.

wir gebannt vor den Bildschirmen. Aus dem Mädchen oder Jungen machte der Gang durch den Zaubertunnel eine Berühmtheit; sie verwandelten sich in die Menschen, die ihre größten Idole waren. Im Anschluss überhäufte eine Jury die jungen Künstler mit viel Lob. Die Besten wurden natürlich prämiert, auch wenn man am Ende gemeinsam sang, dass „alle Sieger waren, auch wenn einer nur gewinnen kann".

So fasziniert von dem Rollentausch holten wir uns die Mini-Playback-Show nach Hause. Vor allem an Kindergeburtstagen wurde die Show mit Kostümen, vorbereiteten Songs und einer Jury genau nachgeahmt. Aus Maria wurde die Leadsängerin der Bangles mit „Eternal Flame" und Claudia und Johannes trugen „Spending My Time" von dem bekannten schwedischen Pop-Duo Roxette vor. Die Mundbewegungen versuchten die englischen Texte nachzuahmen, die wir noch gar nicht verstanden. Dank der Videoaufnahmen konnten wir uns hinterher sogar im Fernsehen bewundern. Wie die richtigen Stars eben.

Fernsehserien, die jeder kennt

„Es war einmal", „Wickie und die starken Männer", „Die Schlümpfe" – diese Fernsehserien in ARD und ZDF erfreuen sich Anfang der 1990er-Jahre großer Beliebtheit. Spaß und Unterhaltung bieten „Siebenstein", „1, 2 oder 3" oder „Kinderquatsch" mit Michael. „Hallo Spencer", „Die Sendung mit der Maus" und „Löwenzahn" übermitteln auch pädagogische Inhalte und Wissen so, dass es die Kleinen verstehen können. Die ersten Zeichentrickserien sieht man sonntags im „Disneyclub", der von Ralf Bauer und Antje Pieper moderiert wird. Eine Episode von „Chip und Chap", der Rettungstruppe, „Käpt'n Balu" oder der „Gummibärenbande" läuft jede Woche und wird von Spielen und Wettbewerben im Disneyclub-Studio ergänzt.

Happy Hippos, Crazy Crocos und Sticker mit Geruch

Eine Leidenschaft, die alle Jungen und Mädchen teilten, war das Sammeln. Fast jeder Gegenstand hatte eine Bedeutung, wurde aufgehoben, liebevoll in den Setzkasten gestellt und bewundert. Die Briefmarkensammlung vom Vater zum Beispiel bildete eine gute Ausgangsbasis. Mit einem Freund zusammen suchte man sich dann neue, schöne und besondere Varianten auf Flohmärkten aus und investierte sein Taschengeld dafür. Aber auch ganz billige Aktivitäten waren möglich, zum Beispiel das Sammeln von Servietten oder Bierdeckeln. Bei jedem Familienfest oder Gaststättenbesuch landete ein Exemplar erst in der Jackentasche und dann in einer Kiste.

Natürlich wurde die Sammelleidenschaft auch kommerziell genutzt. Die Figuren in den Überraschungseiern erfreuten sich großer Beliebtheit: Teenie

Eine Sammelleidenschaft: die Happy Hippos aus dem Überraschungsei.

Tapsi Törtels, Happy Hippos oder Crazy Crocos hießen die begehrten Überraschungen, die leider nur in jedem siebten Ei zu finden waren.

Um die schönsten Sammelobjekte zu ergattern, war das Tauschen die beste Methode. Der Schulhof wurde zur großen Tauschbörse, auf dem die Schüler vor allem um die neuesten Sticker feilschten. Während die Jungen Aufkleber ihrer Fußballstars sammelten und tauschten, vervollständigten die Mädchen ihre Stickeralben mit Glitzer-, Filz- oder Tierstickern. Der absolute Hit waren die Sticker mit Geruch. Wenn man den roten Erdbeersticker fest gerieben hatte, dann konnte man Erdbeeren riechen. Keine Frage: Solche Sticker waren der Stolz eines jeden Sammlers.

Von Tür zu Tür

Von Tür zu Tür ziehen, ein Lied singen oder einen Vers aufsagen und mit Süßigkeiten belohnt werden: Das kennt jeder von uns aus seiner Kindheit! In verschiedenen Regionen Deutschlands unterschiedlich genannt, bleibt der Kern

Gemeinsam ziehen alle Kindergartenkinder im November zum Martinsumzug los.

doch gleich. Es macht Spaß, in einer Gruppe von Freunden durch die winterliche Nacht zu ziehen und vor allem hinterher die Beute zu vernaschen.

Manche kennen diesen Brauch als Clobesabend. Am Nikolausabend verkleideten wir uns und es klang an allen Türen: „Ich bin der kleine Dicke, und wünsche euch viel Glücke, ich wünsche euch ein langes Leben, darum müsst ihr mir was Schönes geben." In die Tüten warfen die Zuhörer leckere Schokolade, Nüsse und Orangen. So ähnlich ging es auch beim Neujahrswünschen zu. Es wurde ein frohes neues Jahr gewünscht und als Dank wurden Süßigkeiten und sogar Geld verschenkt.

Ganz besonders beliebt war außerdem der Laternenumzug am St. Martinstag, also dem 11. November. Wir trugen unsere selbst gebastelten Laternen, zogen im großen Pulk durch die Straßen und sangen die einstudierten Martinslieder. In manchen Gegenden wurden auch hier die Kinder mit kleinen Präsenten belohnt. So gestaltete sich der triste und kalte Winter für uns Kinder sehr viel schöner.

Unter uns:
eigener Treffpunkt,
eigener Urlaub

Das neue Klassenzimmer, die neuen Klassenkameraden: alles bereit für den Unterricht.

Neue Schule, neue Freunde

Ein großer Wechsel, ein wichtiger Schritt: Mit dem Ende der Grundschulzeit betraten wir Neuland. Zuletzt waren wir noch die Großen gewesen, die Viertklässler. Jetzt sahen wir uns mit einer neuen Schule, neuen Schülern und neuen Lehrern konfrontiert. Schwups, gehörten wir wieder zu den Kleinen, die sich nicht auskannten und ganz verschüchtert auf dem großen Schulhof standen. Immerhin hatten die meisten mit einem Freund oder einer Freundin gewechselt, so konnten sich beide etwas aneinanderklammern. Das linderte die erste Angst. Nach und nach lernte man sich aber gegenseitig kennen und fand seinen Platz in der Klasse. Es war am Anfang nicht einfach, da oft schon Gruppen von Freunden bestanden, in die man nicht so schnell integriert wurde. Manche schafften es auch nie und blieben Außenseiter.

Chronik

8. April 1994
Der Rocksänger Kurt Cobain (27), Leadsänger der Gruppe Nirvana, erschießt sich in Seattle.

6. Mai 1994
Der Eurotunnel zwischen England und Frankreich, der unter dem Ärmelkanal hindurchführt, wird eröffnet.

13. November 1994
Michael Schumacher wird in Australien zum ersten Mal Formel-1-Weltmeister.

27. März 1995
Der Film „Forrest Gump" mit Tom Hanks holt sechs Oscars.

25. April 1995
Tausende Atomkraftgegner demonstrieren gegen den Atommüll-Transport in Castor-behältern zum Zwischenlager im nieder-sächsischen Gorleben.

23. Juni 1995
Zum Kunstspektakel des Jahres wird die Verhüllung des Reichstagsgebäudes in Berlin durch den Künstler Christo.

20. März 1996
Die britische Regierung räumt ein, dass die Rinderkrankheit BSE auf Menschen übertragen werden könne.

27. September 1996
Radikal-islamische Milizen der Taliban erobern die afghanische Hauptstadt Kabul.

3. November 1996
Erstmals dürfen deutsche Bäcker auch sonntags frische Brötchen backen.

23. Februar 1997
Mit dem Schaf „Dolly" wird zum ersten Mal ein erwachsenes Säugetier geklont.

27. Juli 1997
Radprofi Jan Ullrich gewinnt als erster Deutscher die Tour de France.

31. August 1997
Die britische Prinzessin Diana verunglückt tödlich in Paris.

Da kam es auf bestimmte Klamotten an, die man haben musste oder welche Uhr man trug, ob man sportlich war oder nicht oder ob man gute Noten bekam. Genau unter die Lupe genommen, konnten die unterschiedlichsten Dinge Grund dafür sein, dass manche gehänselt und ausgegrenzt wurden. Alle von uns aber suchten und fanden schließlich ihren Weg.

Jeder wollte sie: die Baby-G.

Stündlich erinnert

Geschichtsunterricht, dritte Stunde: Um 10 Uhr machte es piep. Und zwar nicht nur einmal, sondern gleich an mehreren Stellen. Denn die Baby-G, eine Arm-banduhr der Firma Casio, hatte sich zum Trend entwickelt und wurde von fast jedem am Handgelenk getragen. Besonderes Merkmal: Die Uhr mit Digitalanzeige piepste zu jeder vollen Stunde einmal. Da allerdings nicht jede Uhr gleich eingestellt war, lief es darauf hinaus, dass etwa eine Minute lang in verschiedenen Ecken des Klassenzim-mers ein Piepsen zu hören war. Wir fanden es cool und jeder, der sich eine teure Baby-G leisten konnte, besaß eine. Die Lehrkräfte hingegen trieb es in den Wahnsinn.

Zusammenrücken und Erweitern

Mit dem Schengener Abkommen, Schengen II, fallen am 26. März 1995 die letzten Grenzkontrollen zwischen sieben EU-Staaten (Deutschland, Frankreich, Belgien, Niederlande, Luxemburg, Spanien, Portugal). Schon 1990 haben die ersten Länder das Abkommen unterzeichnet, aber faktisch erlöschen die Kontrollen erst fünf Jahre später. Europa rückt also zusammen, erweitert sich gleichzeitig aber auch. Das Ende der Ost-West-Konfrontation und die Wiedervereinigung Deutschlands führen zu einer Erweiterung vor allem Richtung Osten. Der Beitritt von zehn Staaten aus dem ehemaligen Ostblock, unter anderem Polen, Tschechien und Ungarn, erfolgt im Jahr 2004.

Herumkaspern und blöde Sprüche gehören dazu.

Treffpunkt im Dorf

„Heute Abend, 18 Uhr am Brunnen?" Mit den Kumpels aus dem Dorf wollte man sich treffen, sich unterhalten, herumkaspern oder vielleicht eine Runde Klingelstreich spielen. Man wollte eben unter sich sein, das war die Hauptsache.

In vielen kleineren Städten gab es Jugendclubs, die dafür zuständig waren, einen solchen Raum für Jugendliche anzubieten. Die Jugendpfleger hatten immer ein offenes Ohr und organisierten alle Sorten von Freizeitaktivitäten bis hin zu einem Zeltlager. Wir nutzten dieses Angebot gerne und trafen uns regelmäßig, um zu quatschen, zu spielen, Zeit miteinander zu verbringen. Wichtig war es, weg von daheim zu kommen und sich einen eigenen Treffpunkt zu schaffen.

Looking for Freedom

Das machte uns stolz! Der erste eigene CD-Player im Zimmer sollte zeigen, dass wir nun Teenager waren. Sofort gehörte er als Statussymbol dazu. Meistens schon lange zum Geburtstag gewünscht, freuten wir uns über das passende Abspielgerät zu unseren ersten paar CDs. Die Kassetten galten als abgelöst von den runden silbernen Scheiben, und vor allem die langen Prozeduren, um Lieder aus dem Radio aufzunehmen, hatten wir hinter uns gelassen. Nun hieß es die CD-Regale bestücken.

Eine der ersten Lieblingsscheiben zeigte David Hasselhoff auf dem Cover. Durch die Serien „Knight Rider" und „Baywatch" war Hasselhoff der Star, der am häufigsten auf dem Titel der Zeitschrift BRAVO zu sehen war und von uns heiß geliebt wurde. Wir ergatterten seine CD „Looking For Freedom" in Windeseile, meist gebraucht, denn die Single verkaufte sich schon 1989 in Deutschland teilweise über 70 000-mal am Tag und belegte für acht Wochen den ersten Platz der Hitparade. Wir hatten also, wie der Titel des Liedes sagte, neue Freiheiten gesucht und vor allem auch entdeckt – ein erster Schritt zum Teenager war getan.

Langsame Annäherung

Kaum waren wir aus der Schule nach Hause gekommen, da klingelte schon wieder das Telefon. Die beste Freundin rief an. Jeder gemeinsame Abend musste am nächsten Tag genau unter die Lupe genommen werden. Wer hatte mit wem gesprochen oder vielleicht sogar geknutscht? Was gab es Neues von Andreas und Nicole? Stundenlang bequatschten wir alles bis ins kleinste Detail. Das Thema Nummer eins war natürlich immer das andere Geschlecht. Einer sah süßer aus als der andere. Eigentlich wechselte es ständig, wen man gerade toll fand. Aber mit wem könnte es etwas geben?

Die ersten Beziehungen zwischen Jungs und Mädchen entwickelten sich. Meistens kannte man sich schon aus der Schule, kam sich aber erst auf einer Party näher. Schon bald hieß es: „Willst du mit mir gehen?" Dann war es offiziell und man konnte stolz erzählen, dass man jetzt eine Freundin hatte. Manchmal hielten die Beziehungen nur ein paar Wochen, manchmal immerhin einige Monate. Alles in allem waren es die wichtigsten Ereignisse damals, in unseren Augen.

Vom Rollschuhfahren zum Inlineskaten: Die Trendsportart verbreitet sich in den 1990er-Jahren von den USA aus in der ganzen Welt. Der Bewegungsablauf ist genauso wie beim Rollschuhfahren, die Schuhe haben nun jedoch ein neues Design: Die Rollen sind in einer Reihe (englisch: in line) angeordnet statt wie bei Rollschuhen paarweise nebeneinander. Der neue Schuh ist ein riesiger Boom, 1995 werden in Deutschland 3,5 Millionen Inlineskates verkauft. Man verabredet sich zum gemeinsamen Skaten. Anfang des 21. Jahrhunderts gehen die Verkaufszahlen zwar zurück, doch der Trend hält an.

Viel Spaß im Zeltlager: Beim Ruf „Big Mac" stürmen alle auf einen zu und schmeißen sich aufeinander.

Neue Freunde im Zeltlager

200 Jungen und Mädchen, elf bis 17 Jahre alt, zwei Wochen lang in Zehnmannzelten untergebracht: Da war was los im Zeltlager, das kann sich jeder vorstellen. So sah er aber aus, der erste Urlaub ohne unsere Eltern. Denn für wenig Geld boten Landkreise, Städte und Kirchen solche Ferienaufenthalte für Jugendliche an und machten es uns möglich, die Ferien mit Gleichaltrigen zu genießen. Es gab natürlich trotzdem Regeln und alle mussten sich an Küchen-, Putz- und Aufräumdienst beteiligen, aber dafür war Langeweile ein Fremdwort. Den ganzen Tag waren wir aktiv und draußen unterwegs: Wir batikten T-Shirts, maßen uns in Wettbewerben, durchlebten eine Schlammschlacht, erholten uns mit einem Sprung ins Meer oder schlenderten über die

Promenade. Auch abends und nachts wurde für Programm gesorgt. Eine Nachtwanderung, eine Übernachtung am Strand mit direktem Blick auf den Sternenhimmel oder ein Abend in der eigenen Disco begeisterten uns. Man lernte eine Menge neuer Menschen kennen und am Ende einer Freizeit quoll unser Adressbuch förmlich vor neuen Namen über.

Eine Schlammschlacht überstanden: Die Betreuerinnen im Zeltlager machen immer mit.

Auf großer Reise: mit den Pfadfindern auf einer Wanderung durch Schottland.

Wir in der Pfadfindergruppe halten immer zusammen.

Wir Pfadis

Alle standen zusammen am Hauptbahnhof: 50 Jugendliche im Alter von 14 bis 16 Jahren, gerade zurückgekommen vom Ausbildungslager der Pfadfinder. Zum Abschied holten die Gruppenleiter noch mal ihre Gitarren heraus und die versammelte Mannschaft fing an zu singen: das traditionelle Abschlusslied. Der ganze Bahnhof stand still und lauschte. Einfach ein tolles Erlebnis!

Lieder waren etwas ganz Besonderes für die Pfadfinder, man verknüpfte unheimlich viel damit. Sie standen in den Liederbüchern, in die verschiedenste Pfadi-Freunde eines eingetragen hatten. Am Lagerfeuer am Ende eines Tages wurden die Lieder gesungen – oder auch beim Abschlusskreis nach einer Fahrt, wo man sich mit einem Lied voneinander verabschiedete. Gemeinschaft, Spaß und Aktivität konnte man an den Heimabenden und auf einer Fahrt am Wochenende oder in den Ferien genießen. Da blieben Freundschaften und Erlebnisse, an die man sich noch gerne zurückerinnert.

Kampf gegen die Flut

Zahlreiche Opfer und Schäden im Wert von 4,1 Millionen Euro: Das verheerende Hochwasser der Oder im Sommer 1997 erschüttert die gesamte deutsche Bevölkerung. Das Land Brandenburg und der Bund reagieren sofort und das Technische Hilfswerk, die Bundeswehr, die Feuerwehr und das Deutsche Rote Kreuz beteiligen sich an den Hilfsmaßnahmen. Mehr als acht Millionen Sandsäcke werden von den Helfenden gefüllt, um bedrohte Deiche zu stabilisieren. Positives in der Krise: Bei der Bevölkerung löst die Flut eine enorme Spendenbereitschaft aus, 50 Millionen Euro kommen zusammen. Außerdem tragen die gemeinsamen Anstrengungen zum emotionalen Zusammenwachsen der beiden deutschen Landesteile bei.

Freundschaftsbändchen

Mit viel Mühe und Fleißarbeit entstanden
die Freundschaftsbänder, die wir uns
gegenseitig zum Beweis der Freundschaft

Oft sind eine Menge Freundschaftsbänder an unseren Armen.

und Zuneigung schenkten. Jeder hatte eine Box mit den wichtigen Utensilien
zu Hause stehen: Garn in verschiedenen Farben, eine Sicherheitsnadel und
ein Heft mit Musteranleitungen. Erst entschied man sich für die passende
Farbkombination, dann für ein schönes Muster. Man konnte Pfeile knoten,
Rauten und sogar einen Stein in die Mitte einflechten. Das linke Bein hoch, das
eine Ende des Bandes am Hosenbein mit der Sicherheitsnadel festgemacht
und los ging es. Eine Reihe Rechtsknoten, eine Reihe Linksknoten, bis das
Band lang genug war. Dann wurde es passgenau am Handgelenk der Freundin oder des Freundes angebracht. So sammelten sich an unseren Handge-
lenken einige Armbänder, ganz nach Wolfgang Petri eben.

Erstes Geld verdienen

Ins Kino gehen, den schönen Rock im Schaufenster kaufen oder vielleicht eine
neue CD: Diese Aktivitäten kosteten Geld – unser Taschengeld. Alles, was
extra anfiel, mussten wir selbst zahlen, so war die Übereinkunft mit unseren
Eltern. Schließlich bekamen wir von ihnen auch unser monatliches Taschengeld, nur reichte das meistens nicht. Also versuchten wir, überall in der Nach-

barschaft unser Guthaben
aufzubessern. Viele Jungs
mähten den Rasen nebenan
oder säuberten die Dachrinne.
Die Mädchen fanden oft einen
Job als Babysitter. Viele Mütter
brauchten mal Zeit, in Ruhe

Babysitten: Mit den Kleinen zu spielen macht
Spaß und bessert das Taschengeld auf.

einkaufen zu gehen, und da sprang man doch gerne ein. Die ganz Kleinen fuhr man im Kinderwagen spazieren, mit den etwas Größeren tobte man draußen oder spielte drinnen mit den Lieblingsspielzeugen. Meistens machte es sogar richtig Spaß. So hatte man sich leicht etwas dazuverdient.

Daily Soaps: GZSZ

Für alle GZSZ-Fans.

17.55 Uhr im Ersten: Tausende von Zuschauern sitzen gebannt vor dem Fernseher und warten auf den Beginn der Daily Soap. In den 1990er-Jahren kommen die in Deutschland produzierten, täglich laufenden Seifenopern ins Fernsehen. „Gute Zeiten, Schlechte Zeiten" macht den Anfang, und schon bald flimmern in allen Kanälen ähnliche Endlosgeschichten: „Verbotene Liebe", „Unter Uns", „Marienhof". Obwohl *offensichtlich billig produzierte Sendungen, fesseln die Geschichten vor allem junge Menschen. Die Fans schalten täglich ein, um die Intrigen, Liebesgeschichten und Skandale zu verfolgen.*

Punk oder Boygroup?

Auf der einen Seite die Punkrockband Die Ärzte, auf der anderen Seite die Boygroup Take That: Das Plakat in der Bravo sollte beide Geschmäcker treffen. Unsere Altersgruppe war geteilt und von zwei verschiedenen Musikrichtungen geprägt.

Zum einen begeisterte uns der Punk, der vor allem mit den beiden deutschen Bands Die Ärzte und

Das war ein echter Schatz: Autogramme von der Boygroup Caught in the Act.

47

Die Toten Hosen populär wurde. Laute Rockmusik dröhnte in unseren Walk-mans, unsere Köpfe nickten rhythmisch zu den Klängen und oft sangen wir die Texte lauthals mit: „Das alles nur, oho, weil ich dich liebe."

Den süßen Boys hingen auf der anderen Seite auch viele von uns an. Gary Barlow, Mark Owen, Howard Donald, Robbie Williams und Jason Orange hießen die Sänger der britischen Boygroup Take That. Es entwickelte sich nahezu eine Hysterie um die fünf Jungs: Mädchen schrien „Ich will ein Kind von dir" und fielen reihenweise in Ohnmacht. Die Jugendzimmer waren mit Bildern und Plakaten zugekleistert und die Fans träumten von einem Treffen, einem Gespräch mit ihrem Star, ihrem Liebsten.

Boygroup-Hysterie

Der Höhepunkt der Hysterie: Am 13. Februar 1996 gibt die Teenie-Band Take That ihre Auflösung bekannt. Die Fans sind erschüttert, und vor allem für die Anhängerinnen kommt das Ereignis dem Tod aller Mitglieder gleich. Junge Mädchen werden depressiv und sogar von Selbstmordgedanken erfasst.

Das Ausmaß des Fanatismus, der die Fans von Boygroups wie auch Backstreet Boys oder Caught in the Act antreibt, wird nun deutlich. Angeheizt durch die Musikindustrie und die Medien sind die Stars das ein und alles für viele Minderjährige geworden.

Engagement für die Umwelt wurde bei manchen groß-geschrieben.

Alles für den sibirischen Tiger

„Gegen Tierversuche und Artenausrottung!" Mit Infoständen, Spendensammelaktionen und Unterschriftenlisten engagierten wir uns für den Umwelt- und Tierschutz. Dieses Thema kam immer mehr in das Bewusstsein der Menschen seit den 1980er-Jahren. Organisationen wie WWF oder Greenpeace bekamen deutlich mehr Zulauf.

Als Teenager engagierten sich manche aktiv für den Umweltschutz. Zuerst wurde man Mitglied und spendete regelmäßig einen kleinen Betrag vom Taschengeld. Aber damit war es nicht getan, Infostände und Spendenaktionen mussten geplant werden. Bei jedem Bauern- oder Weihnachtsmarkt in der Nähe war man vertreten: Campingtisch und Stuhl wurden aufgebaut, Info-blätter ausgelegt, selbst gebastelte Plakate aufgehängt und los ging es. Zur Weihnachtszeit ließen sich Grußkarten und Namensanhänger für Geschenke gut verkaufen. Der Ertrag ging natürlich direkt an eines der Projekte, zum Beispiel für den gefährdeten sibirischen Tiger. Vorbeischlendernde Besucher wurden schnell abgefangen und für eine Unterschriftenaktion begeistert. Viele unterschrieben die Listen und waren zu einem Gespräch gern bereit. Manche schauten auch mitleidig drein, wenn in der Eiseskälte die Finger der jungen Aktivisten fast abfroren. Da musste man aber durch, alles für den guten Zweck.

Echte Fans

Stimmung, Feiern, wildfremde Menschen umarmen: Das bietet ein großes Sportereignis. Ob Eishockey, Fußball oder Basket-ball, wir ließen kein Spiel aus. Mit einem Fanschal, Fantrikot und Bemalungen auf dem Gesicht machten wir uns fertig.

Jubeln, singen, hüpfen: Ob Eishockey oder Basket-ball, richtige Fans sind bei jedem Spiel dabei.

Wir trommelten eine große Gruppe zusammen und ab ging es in die Sporthalle. Auf dem Weg dorthin stieg die Stimmung: „Und dann die Hände zum Himmel, kommt, lasst uns fröhlich sein!" Auch in der Halle trommelten die Fangruppen bereits und der Hallensprecher heizte ein. Zielstrebig liefen wir zu unserem Block, natürlich da, wo immer am meisten los war. Während des Spiels ver-passte man unter Umständen ein paar Spielzüge: Man unterhielt sich, lachte oder man sah schlicht nur wenig, weil ein riesiger Kerl vor einem stand. Eins bekam man aber immer mit: Das Tor! Alles schrie auf, jubelte, hüpfte und sang. Man lag sich in den Armen und zelebrierte den Erfolg. Deswegen waren wir schließlich auch dabei, hier war wenigstens was los!

11. bis 14. Lebensjahr

Das neue Jahr-tausend: Instant Messaging und neue Währung

Die Konfirmanden: Ganz brav und schick stehen sie vor der Kirchentür.

Ein großes Fest

Ganz brav und fein herausgeputzt standen die Jugendlichen vor der Kirchentür. Alle hielten ihren Konfirmationsspruch und ihre Bibel in den Händen und
lächelten für das Gruppenfoto. Die Konfirmation bedeutete den Übertritt zum
mündigen Kirchenmitglied: Mit 14 Jahren war man alt genug, um selbst zu
entscheiden, ob man dem christlichen Glauben zustimmen wollte. Ein Jahr
lang waren alle einmal die Woche in den Konfirmandenunterricht gegangen
und hatten das Basiswissen des christlichen Glaubens erlernt. Mit viel Spaß
und vielen Veranschaulichungen war er aber nicht mehr so langweilig wie
früher. Sogar auf eine gemeinsame Freizeit war die ganze Gruppe für ein
Wochenende gefahren. Nach dem Unterricht wurde schließlich die Konfirmation mit einem Gottesdienst und einem anschließenden Familienfest zelebriert.

Chronik

3. Juni 1998
Bei dem bisher schwersten ICE-Zugunglück Deutschlands im niedersächsischen Eschede kommen 101 Menschen ums Leben.

17. August 1998
US-Präsident Bill Clinton gesteht, eine „unangemessene Beziehung" zu seiner Ex-Praktikantin Monica Lewinsky unterhalten zu haben.

27. September 1998
Ende der Ära Kohl: Gerhard Schröder löst Helmut Kohl nach 16 Jahren als Bundeskanzler ab.

11. August 1999
In ganz Europa beobachten Millionen von Menschen die letzte Sonnenfinsternis des Jahrhunderts.

30. November 1999
CDU-Spendenaffäre: Alt-Bundeskanzler Helmut Kohl räumt die Existenz schwarzer Konten während seiner Amtszeit ein.

1. Juni 2000
Die Weltausstellung EXPO 2000 wird in Hannover eröffnet.

27. November 2000
Der Republikaner George W. Bush gewinnt die Präsidentschaftswahlen in den USA.

11. September 2001
Ein terroristischer Angriff erschüttert die USA und die ganze Welt: Zwei Passagierjets werden gekapert und in die Türme des World Trade Centers gesteuert, welche daraufhin einstürzen. Insgesamt sterben etwa 3000 Menschen bei den Anschlägen.

1. Januar 2002
Ade Deutsche Mark: Die Euro-Banknoten und Euro-Münzen werden in Umlauf gebracht.

6. Januar 2002
Grand Slam im Skispringen: Der deutsche Skispringer Sven Hannawald gewinnt als erster und bisher einziger alle vier Springen der Vierschanzentournee.

26. April 2002
Amoklauf in Erfurt: Robert Steinhäuser tötet 16 Menschen mit einer Handfeuerwaffe am Gutenberg-Gymnasium.

Für uns war das eigentlich der wichtigste Teil: Ein großes Fest mit vielen großzügigen Geschenken, leckerem Essen und für einige die erste Gelegenheit, mit Erlaubnis Alkohol zu trinken. Gegen Ende der Feier kamen noch mal alle Jugendlichen der Gruppe zusammen und genossen unter sich ihr eigenes großes Fest. Der erste Schritt zum Erwachsensein war getan.

Auf der Kirmesfeier: Treffen mit dem Kirmesbären.

Erste Kirmes

Noch keine 16? Am Wochenende waren wir trotzdem alle unterwegs. Während der Woche gab es immer nur ein Gesprächsthema: Was ist am Wochenende los, was machen wir? Privatpartys waren natürlich für alle ein Muss und immer gern gesehen. Geburtstagsfeier an der Grillhütte oder im Jugendclub: Drei, vier Freunde schlossen sich zusammen, so konnte

Echte Freunde: am Wochenende
immer zusammen unterwegs.

man sich die Kosten teilen. Dann feierten alle bis in die frühen Morgenstunden, zumindest wenn man dort übernachtete. Sonst holten einen natürlich die Eltern ab, und da war oft halb eins das Späteste. Anziehungspunkt aller Jugendlichen war außerdem auf dem Land die Kirmes, das Schützenfest oder Sportfest. Kein Eintritt, viele Menschen, Bier und vor allem gute Stimmung lockten uns zu den großen Veranstaltungen. Viele unserer Freunde gehörten den Kirmesteams an, und dann wurden die Biere sowieso oft umsonst weitergereicht.

Somit waren unsere Wochenenden voll verplant und wir glücklich, dass wir unter uns unsere Jugendzeit feiern konnten.

Kinder der Ära Kohl

Ein Novum in der Geschichte: Erstmals wählen die Wahlberechtigten der Bundesrepublik Deutschland ihre Bundesregierung komplett ab, und daraus resultierend gewinnen SPD und Grüne, die sich traditionell als links der Mitte einstufen, zum ersten Mal mehr als 50 Prozent der Stimmen. Die Amtszeit von Helmut Kohl

als Bundeskanzler ist mit der Wahlniederlage am 27. September 1998 beendet und er wird von SPD-Politiker Gerhard Schröder abgelöst. 16 Jahre lang, fast die komplette Kinder- und Jugendzeit des Jahrgangs 1984, hatte Helmut Kohl die politische Bühne fest im Griff gehabt.

Erst klobig, dann klein

„Willst du das Radio etwa auch mit reinnehmen?", wurden wir an der Taschenkontrolle in die Disco gefragt. Es sollte ein Scherz sein, aber so hatten die ersten Handys ausgesehen:

Handyoldtimer: Die
ersten Modelle waren
noch recht klobig.

wie ein Radio, dick und klobig und mit riesigen Tasten. Oft musste man noch eine Antenne herausziehen, bevor man Empfang bekommen konnte. Doch so blieben sie nicht lange. Handys entwickelten sich in rasender Geschwindigkeit: Immer kleiner wurden sie, hatten immer mehr Funktionen. Und wir wollten natürlich immer das Neueste haben. „Zeig mal dein Handy, was kann das denn alles?" hörte man überall fragen. Man maß sich an tollen Designs und neuen Funktionen. Das Handy war zum Statussymbol für uns geworden.

„Ruf mich später an!" Das Handy macht ständige Erreichbarkeit möglich.

Mobil und erreichbar

Mobil und überall erreichbar sein: Das Mobiltelefon macht es möglich. Am Festnetzanschluss ein kabelloses Telefon zu besitzen war die erste Errungenschaft gewesen. Doch durch die flächendeckende Einführung eines verbesserten Mobilfunknetzes kann die benötigte Batterieleistung der Mobiltelefone und somit die Gehäusegröße vermindert werden. Die Telefone entwickeln sich zum
Multifunktionsgerät, das längst nicht nur zum Telefonieren genutzt wird, sondern auch Uhr, Kamera, Spiele und später MP3-Player und Navigationsgerät in sich vereinen. Der Markt boomt.

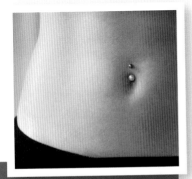

Bauchnabelpiercings liegen im Trend in den 1990er-Jahren.

Abenteuer Piercing

Ein Termin war vereinbart, die Einverständniserklärung der Eltern in der Tasche, so zogen wir mit 15, 16 Jahren los ins nächste Studio, um uns ein Piercing stechen zu lassen. Meistens zu zweit, mit der besten Freundin oder dem besten Freund, um uns gegenseitig Beistand zu leisten.
Piercings, Tätowierungen, blaue, grüne und rote Haarfarben: Das war der Trend unserer

Jugendzeit. Mit Piercings im Bauchnabel, in der Nase, Zunge oder Augenbraue versuchten wir uns von unserer Elterngeneration zumindest äußerlich eindeutig abzugrenzen. Auch die beliebteste Tätowierung der Zeit, das Bild eines Geweihs direkt oberhalb des Steißbeins, oft Arschgeweih genannt, diente diesem Zweck und verband uns als Gruppe. Die Haare färbten wir uns meistens gegenseitig mit billigen Farben aus dem Drogeriemarkt. Schräge Frisur, grelles Outfit: Hauptsache anders. Wir eiferten unseren Vorbildern aus der Musikszene nach und so entstand ein ganz eigener Stil unserer Zeit.

„Titanic" gewinnt elf Oscars

Tränen, Herzschmerz, Mädchenschwarm: Diese Mischung lockt 1998 reihenweise Mädchen in die Kinos. Das Hollywood-Drama „Titanic" von Regisseur James Cameron trifft den Zeitgeist und zieht allein in Deutschland 18 Millionen Kinobesucher an. Der Film verknüpft die Fakten des Untergangs der Titanic mit der Geschichte eines Liebespärchens, das von Mädchenschwarm Leonardo Di Caprio und Kate Winslet gespielt wird. Mit elf Oscars wird das Spielfilmdrama prämiert und gilt bis heute als einer der erfolgreichsten Filme der Geschichte.

Austausch: das Leben in Frankreich

Die fremde Sprache geübt, über die Kultur gelernt, aber alles nur aus der Ferne: Nun wollten die Französischschüler der neunten Klasse das Leben in Frankreich mal genauer kennenlernen. Mit der Partnerschule in Frankreich gab es ein Abkommen, wonach die deutschen Schüler eine Woche in die Schule nach Frankreich kommen durften. Der Gegenbesuch aus Frankreich war

anschließend geplant. Alle Schüler freuten sich auf eine gemeinsame Fahrt und auf viel Neues im Nachbarland. Wir erlebten Überraschungen: Die Schule war sehr streng mit vielen Tests und Hausaufgaben, die Häuser und Wohnungen der Familien oft kleiner, Essen wurde in mehreren Gängen serviert und die Klamotten der Austauschpartner unterschieden sich deutlich von den eigenen. Alles war eben anders.

Ein typisch französisches Menü mit mehreren Gängen: Die zwei Französinnen und die Deutsche lassen es sich schmecken – so ein Austausch bietet viel.

Darum ging es aber bei einem Austausch. Viele von uns hatten die Gelegenheit, ein anderes Land und dessen Menschen und Verhaltensweisen kennenzulernen. Eine andere Kultur hautnah mitzuerleben, erweiterte Horizonte und schuf neue Perspektiven. All das wurde uns möglich gemacht.

Zu Besuch im fernen Peru: Die Freunde nehmen ihre Gäste aus Europa freundlich auf.

Neuer Kontinent

Kontakte zu anderen Kontinenten knüpften wir auch: Ob in einer Brieffreundschaft mit Ägypten oder in der Aufnahme eines Gastschülers aus Peru. „Deutsch in Deutschland" hieß die Organisation, die auf der Suche nach Gastfamilien für ihre peruanischen Schüler war. Zweieinhalb Monate wollten die 16-jährigen Jungen und Mädchen Deutschland kennenlernen, sich in der deutschen Sprache verbessern und den deutschen Familien- und Schulalltag entdecken. Die Schüler integrierten sich sehr schnell und wurden Teil der Familie und des deutschen Freundeskreises. Nur das kalte Wetter machte ihnen zu schaffen, vor allem, weil sie ihre warmen Sommermonate zu Hause vermissten. „Que frio!", was „Wie kalt" bedeutet, waren die zwei spanischen Wörter, die die Gastfamilie nicht vergessen wird. Der Gegenbesuch in Peru erfolgte im Jahr darauf. Ein tolles Erlebnis!

Ein Schuljahr in einer anderen Welt

Für ein Schuljahr in die USA: Das war der Traum vieler. Nach langer Bewerbungs- und Vorbereitungsarbeit saß man schließlich im Flugzeug auf dem Weg in das Land der Wahl. Mit den letzten Tränen vom Abschied noch im Gesicht und einem mulmigen, kribbeligen Gefühl im Bauch fragte man sich, was uns genau erwarten würde. Man kannte die Namen der zukünftigen Familie und die Adresse des neuen Zuhauses, aber wie fühlte es sich an, dort zu leben?

Ein Pick-up muss sein: In Amerika darf schon mit 16 Auto gefahren werden.

Viele von uns entschlossen sich, in der 11. Schulklasse zehn Monate in einem fremden Land zu verbringen. Hierbei ging es nicht nur darum, in eine andere Kultur für ein paar Wochen hineinzuschnuppern. Sich für ein Jahr in eine Familie zu integrieren und sich ein eigenes Leben dort aufzubauen, bedeutete viel mehr. Viel musste angenommen, gelernt, akzeptiert und durchgestanden werden, aber umso mehr nahm man auch mit aus dem Jahr im Ausland. Lang haltende Freundschaften und unvergessliche Erlebnisse blieben den Reisenden. Einige entschlossen sich sogar, in der Austauschorganisation hinterher weiterzuarbeiten. So konnte man die eigenen Erfahrungen weitergeben und andere dazu ermutigen, ebenfalls ein neues Land zu entdecken.

Typisch amerikanisch: Zur Prom, dem amerikanischen Schulball, macht man sich schick, Abendkleid ist Dresscode.

TV total

„Und hier ist: Stefaaaaaaaan Raaaaaab!"
So begrüßt ab dem 8. März 1999 einer
der Gäste der Show „TV total" den
Moderator selbst. Die eigene Showband
untermalt das Eintreten des Entertainers,
er rutscht das Geländer herunter und
beendet schließlich von seinem fahrbaren
Schreibtisch aus wie ein Dirigent die
Musik. Talkgäste, Auftritte von Musikern

und besonders lustige TV-Ausschnitte
begeistern vor allem junges Publikum.
Bekannt wird Raab mit seinem Song
„Maschendrahtzaun", der an einen
TV-Ausschnitt aus der Sendung Richterin
Barbara Salesch angelehnt ist, in dem
eine Frau im vogtländischen Akzent das
Wort Maschendrahtzaun sagt.

Ganz cool und lässig auf
der Bahnfahrt: Mütze, Cap,
Ohrstöpsel im Ohr.

Cool und lässig

Extrem weit geschnittene, tief sitzende Hosen, T-Shirts in
Übergrößen, Baseballkappen auf dem Kopf: Ein eindeu-
tiges Zeichen dafür, dass der Hip-Hop mit seinen
Modetrends populär geworden war. Hip-Hop und Rap
schwappten aus Amerika über zu uns nach Deutschland
und fanden ihren Weg in die Clubs und Radios. Die deutschen Bands wie Fanta 4, Fettes Brot oder Freundeskreis
begeisterten uns, und schon bald konnten wir lauthals
mitsingen: „MfG, mit freundlichen Grüßen, die Welt liegt
uns zu Füßen." Eine komplett neue Musik- und Stilrichtung entwickelte sich und
beeinflusste uns. Vor allem für Jungen schuf diese Welle eine charakterisie-
rende Hip-Hop-Mode. Baggy-Hosen, Kapuzenpullover, Basketballtrikots, breite
Turnschuhe: alles von teuren Luxusmarken wie Lacoste und Ralph Lauren oder
von bestimmten Marken der Skaterszene. Southpole, Etnies, Carhartt oder DC
Shoes waren Namen, die groß auf allen Klamotten stehen sollten. Neben den
passenden Anziehsachen wurde auf lockeres und cooles Verhalten geachtet,
vor allem am besonders lässigen Gang zu erkennen.

Dieser Musik- und Modetrend war vor allem in der Skaterszene beliebt. Zum
passenden Outfit gehörte auch das Skateboard unter den Füßen. In der
Innenstadt oder in zugewiesenen Skaterparks trafen sich die Skater zum Skate-
boardfahren, Musikhören oder auch Graffitisprühen. All das gehörte zum Trend
und schuf Identität.

Treffen unter Mädels: auf dem Sofa für gemeinsame Fernsehabende.

Mädelsclique

Shopping, Quatschen, Kaffeetrinken, Kochen: Wir Mädels trafen uns regelmäßig unter uns ohne die Männerfront. Denn an stundenlangen Gesprächen, Herzschmerzdramen und dem Thema Beziehungsproblem war der männliche Teil der Clique ohnehin nicht wirklich interessiert. Für uns waren es aber die schönsten Abende, wenn wir uns alle wieder auf den neusten Stand der Dinge brachten: Wie läuft's in deiner Beziehung? Wie sieht's aus nach dem letzten Streit? Wir waren ein eingeschworenes Team!

Eine beliebte Beschäftigung war es, TV-Serien gemeinsam zu sehen. „Friends", „Dawson's Creek" und „Sex and the City" hießen die heißgeliebten Soaps. Gemeinsam legten sich alle auf ein Sofa und zitterten mit Joey und Dawson um ihre vertrackte Beziehung. Wenn man es nicht schaffte, die Ereignisse gemeinsam zu sehen, dann waren sie am nächsten Tag das Gesprächsthema Nummer eins in der Schule.

Loveparade in Berlin.

Berlin im Tanzfieber

Die jährlich stattfindende Loveparade lockt 1999 1,5 Millionen Besucher nach Berlin und bricht damit alle Rekorde. 1989 ist die von Ravern geliebte Technoparade von Matthias Roeingh alias Dr. Motte initiiert worden und die ersten 150 Besucher ziehen mit einem alten VW-Bus und einer Anlage über den Kurfürstendamm. Die Besucherzahlen verdoppeln sich jährlich und die Parade wächst zu einer Massenveranstaltung. Damit wachsen aber auch die Probleme: Zwar bleibt die Loveparade sehr friedlich mit nur wenigen Festnahmen, aber das Müllproblem, die Verunreinigung des Tiergartens und die Kommerzialisierung der Veranstaltung führen zu Schwierigkeiten mit der Stadt Berlin.

58

Auf geht's zur Maiwanderung.

Maiwanderung mit Bollerwagen

Alle Jahre wieder am 1. Mai war es so weit: Der ganze Freundeskreis traf sich zur obligatorischen Maiwanderung. Am vereinbarten Treffpunkt beluden alle den Bollerwagen mit kalten Getränken, den Grillwürstchen und dem Einweggrill. Dann ging es los auf die Rad- und Wanderwege. Alle marschierten durch die oft gnadenlos brutzelnde Sonne, bis man sich am nahe gelegenen Fluss im Schatten niederlassen konnte. Die Grills wurden angeschmissen, die Würstchen gegart und schließlich mit großem Appetit verschlungen. Bei den Temperaturen und immer mehr Bier intus stolperten alle eher zurück, als dass sie liefen. Im Garten ging die Feier allerdings noch weiter und eine Wasserschlacht schuf Erholung. Bei verregneten Tagen suchte man Unterschlupf in der Garage, gegrillt wurde trotzdem. Von den Gesprächen und Erlebnissen auf den Wanderungen erzählen sich heute noch alle.

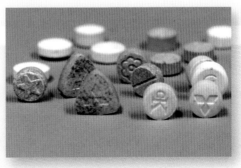

Wir tanzen auch ohne Pille bis in den Morgen.

Ecstasy: die Tanzpille

Ecstasy: Die Droge der aufkommenden Ravekultur. Um nächtelang durchtanzen zu können, greifen in den 1990er-Jahren viele junge Leute nach der kleinen Pille mit großer Wirkung. Keine Droge hat sich so schnell so weit verbreitet: Zu Beginn der 1980er-Jahre entdeckt, ist sie Anfang der 1990er-Jahre schon in allen Gesellschaftsbereichen angekommen. Der Marktpreis liegt bei nur 5 bis 10 Euro, wobei die aufputschende Wirkung nur vier bis sechs Stunden anhält. Merkmal der Droge: In die Tabletten werden Symbole eingepresst wie Vögel, Herzen oder auch Firmenembleme.

 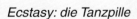

Ohne Merkzettel geht es nicht mehr: So findet man sich im Chatroom zurecht.

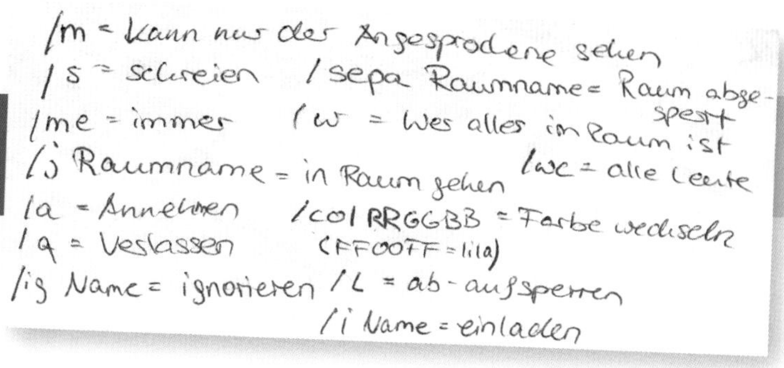

Handwritten note:

/m = kann nur der Angesprochene sehen
/s = schreien   /sepa Raumname = Raum abge-
/me = immer   /w = Wer alles im Raum ist   sperrt
/j Raumname = in Raum gehen   /wc = alle Leute
/a = Annehmen   /col RRGGBB = Farbe wechseln
/q = Verlassen   (FF00FF = lila)
/ig Name = ignorieren /L = ab- aufsperren
/i Name = einladen

Chatten gefällig?

Eigener Computer, Internet, Instant Messaging: Schritt für Schritt hielt die neue Technik Einzug in unser Jugenddasein. Zuerst gab es nur einen PC für die ganze Familie, aber schon bald hatte man einen eigenen im Zimmer. Schließlich wurde von vielen Lehrern mittlerweile eine am Computer getippte Arbeit verlangt. Man schaffte also Platz auf dem Schreibtisch für den klobigen Monitor und die Tastatur: Nicht nur für Schularbeiten, sondern natürlich auch für verschiedene Computerspiele.

Vor allem das World Wide Web fesselte die Jugend. Einen ganz neuen Bereich gab es zu entdecken. Man verknüpfte sich über ICQ und schickte sich Instant Messages, verabredete sich zum Quatschen in den Chatrooms und lernte dort sogar neue Leute kennen. Eine eigene Sprache entwickelte sich: /q hieß den Raum verlassen, /sepa den Raum absperren. Ohne Merkzettel kam man nicht mehr zurecht. Man blieb so lange online, dass am Ende des Monats die Eltern fast in Ohnmacht fielen. Schließlich waren Flat-Rates noch nicht im Gespräch und man bezahlte noch je Einwahl und Minute.

ICQ – I seek you

Sich online ohne Zeitverzögerung unterhalten: Das macht das Instant Messaging möglich. Der erste weitverbreitete Instant-Messaging-Dienst wird im November 1996 veröffentlicht. Die ICQ-Software, von vier israelischen Studenten entwickelt, breitet sich rasch aus. Kostenlos zum Download bereit, erreicht sie viele Jugendliche, die, mit einem Screen-Name und einer ICQ-Nummer versehen, sich mit Freunden vernetzen und chatten. America Online (AOL) kauft das Unternehmen schließlich 1998 für 407 Millionen US-Dollar.

Erstes Einkommen

Etwas in der Praxis lernen und das erste Geld verdienen: Wer diese Ziele verfolgte, begann nach dem Ende der Schulpflicht eine Berufsausbildung. Endlich hatte das tägliche Büffeln ein Ende und man konnte in einen neuen Beruf reinschnuppern. Die Schule ließ sich bei den meisten jedoch nicht ganz aus dem Alltag streichen, denn regelmäßig stand der Besuch der Berufsschule auf dem Plan. Die Wochen im Arbeitsdienst glichen das Drücken der Schulbank aber meistens wieder aus. Ein besonderer Segen war das erste kleine Einkommen: Ein Roller, eine neue Musikanlage oder eine ausgiebige Shoppingtour sprangen dabei heraus. Neben den neuen finanziellen Freiheiten bedeutete der Berufsalltag aber auch viel Disziplin und lange Arbeitstage. Nur das Wochenende bot Zeit für Freiräume.

Sie sollen ja Glück bringen: Ein eher ungewöhnlicher Ausbildungsberuf ist der des Schornsteinfegers.

Nine Eleven – 9/11

Jeder kann sich erinnern: Was hast du am 11. September 2001 gemacht, wo warst du? Die einen saßen noch in der Schule im Nachmittagsunterricht, die anderen waren zu Hause und verfolgten die Terroranschläge im Fernsehen. Die USA, aber auch Deutschland, waren erschüttert über die Dramatik, die sich abspielte. Beim ersten Flugzeug, das in das World Trade Center einschlug, glaubten alle noch an einen Unfall. Doch als viele am Fernseher live miterleben konnten, wie das zweite Flugzeug in die Türme flog, erfasste man das Ausmaß der Katastrophe. Beide Türme stürzten ein, Menschen sprangen in ihrer Not aus den Fenstern, Feuerwehrleute kämpften gegen das Feuer. Schock machte sich auch unter den Deutschen breit, man litt mit den Menschen und den Vereinigten Staaten. In der Schule wurde am nächsten Tag eine Schweigeminute eingelegt, Klausuren wurden abgesagt. Diese Katastrophe hatte alle aus dem Alltagstrott gebracht. Wir vergessen nie, wie dieser Tag für uns war!

Neue Währung: der Euro

1. Juli 1990: Erste Stufe der Währungs-union: Herstellung des freien Kapitalver-kehrs zwischen den EU-Staaten.

1. Januar 1994: Zweite Stufe der Wäh-rungsunion: Gründung des Europäischen Währungsinstituts als Vorläufer der Europäischen Zentralbank.

16. Dezember 1995: Der Europäische Rat in Madrid legt den Namen der neuen Währung fest: Euro. Im Gespräch waren europäischer Franken, europäischer Gulden oder ECU gewesen.

1. Januar 1999: Wechselkurse zwischen dem Euro und den nationalen Währungen sind festgelegt und der Euro wird gesetz-liche Buchungswährung.

17. Dezember 2001: In deutschen Banken und Sparkassen können die ersten Euro-Starterkits erstanden werden.

1. Januar 2002: Die allgemeine Geldaus-gabe des Euros beginnt: Laut Eurobaro-meter befürworten 39 % der Deutschen den Euro und blicken positiv in die Zukunft, 52 % sind eher Euroskeptiker.

Achtung Anfänger: Mit 18 steht das erste Auto vor der Tür – ein roter, klappriger Ford Escort, fast so alt wie wir.

Endlich 18!

Endlich 18 Jahre alt: Neue Freiheiten erwarteten uns. Nun durften wir mitbe-stimmen und unsere Stimmzettel in die Wahlurne werfen. Fast alle von uns hatten auch den Führerschein gemacht und konnten sich frei mit ihrem eige-nen Auto oder dem der Eltern bewegen. Wir brauchten außerdem keine Angst mehr vor Ausweiskontrollen in Diskotheken zu haben: Ganz regulär feierten wir die Nacht durch.

Um Geld für den Abiball zu sammeln, veranstaltet der Jahrgang Feste – die Abifeten. Sie werden Kult für die junge Szene.

Die Vorbereitungen für das Abitur laufen: Schon ein Jahr vorher versammeln sich die Abikomitees und gestalten zum Beispiel das Abi-T-Shirt.

Neben den Freiheiten bedrückten uns aber auch Entscheidungen, die vor uns lagen. Diejenigen, die schon längst einen Beruf erlernten, hatten die Qual der Wahl schon durchgestanden. Die anderen büffelten für das Abitur. Die Frage blieb: Was mache ich mit meinem Leben? Wo soll es hingehen? Erst einmal als Au-Pair ins Ausland und die Welt entdecken oder doch lieber direkt ins Studium oder in die Ausbildung? So viel war möglich, in so viele Richtungen konnte man gehen: Welche sollte nun die eigene sein? Je mehr Möglichkeiten, desto schwerer die Entscheidung. Aber jeder ging schließlich seinen Weg: Manche mit ein paar Umwegen und Kehrtwenden, manche gleich in die passende Richtung. Die Jugendzeit verabschiedete sich von uns, und von ihr geprägt, wagten wir neue Schritte.

In Feierlaune: endlich volljährig.

Für alle ab 18

Unsere Jahrgangsbände gibt es
für alle Jahrgänge ab 1921 bis zum aktuellen
18. Geburtstag, auch als DDR-Ausgabe.

Sie suchen ein Buch ...

... über Ihren Jahrgang?

... über Kindheitserinnerungen?

... über Ihre Stadt oder Region?

... mit regionalen Rezepten?

Wartberg-Verlag GmbH

Im Wiesental 1
34281 Gudensberg-Gleichen
Telefon: (0 56 03) 93 05 - 0
Telefax: (0 56 03) 93 05 - 28
E-Mail: info@wartberg-verlag.de
www.wartberg-verlag.de

Sie finden es unter
www.wartberg-verlag.de